Olivier Magny

Paris für Liebhaber

Olivier Magny

Paris für Liebhaber

Eine Gebrauchsanweisung
für die Stadt
und ihre Bewohner

Deutsch von Alexandra Baisch

blanvalet

Die Originalausgabe erschien 2010 unter dem Titel »Dessine-moi un Parisien«
bei Editions 10/18, Département d'Univers Poche, Paris.

Das Zitat von Charles Baudelaire stammt aus Charles Baudelaire,
Blumen des Bösen/Les Fleurs du Mal - Kapitel 10,
übersetzt von Terese Robinson,
Georg Müller Verlag, München, 1925

MIX
Papier aus verantwortungsvollen Quellen
FSC® C014889
FSC
www.fsc.org

Verlagsgruppe Random House FSC® N001967

1. Auflage

Umschlaggestaltung: semper smile, München
Umschlagmotiv: © Shutterstock/anna42f und iralu
ED · Herstellung: kw
Satz: Uhl + Massopust, Aalen
Druck und Bindung: Friedrich Pustet, Regensburg
Printed in Germany
ISBN 978-3-7645-0558-5

www.blanvalet.de

Eines Februarmorgens hat Olivier Magny auf der Website seiner Gesellschaft einen Blog gestartet. Er verfasst ihn auf Englisch und nennt ihn *Stuff Parisians Like*. Innerhalb kürzester Zeit hat *SPL* mehrere Tausend Leser auf der ganzen Welt – gewitzte Gleichgesinnte, die amüsiert verfolgen, wie Pariser von einem Pariser augenzwinkernd in die Pfanne gehauen werden. Der kleine Blog wächst. Eines schönen Tages macht der Verlag 10/18 Olivier den Vorschlag, seinen Blog zu veröffentlichen. Kein Bildschirm mehr, keine Klicks, sondern echtes Papier. Voller Begeisterung macht sich Olivier an die Übersetzung seiner eigenen Texte ins Französische. Innerhalb weniger Wochen hat sich *Paris für Liebhaber* zu einem Bestseller entwickelt. Wenige Monate später erscheint das Buch *in English* und erlebt seinerseits einen schönen Erfolg. Der von Olivier Magny gezeichnete Pariser lässt die Menschen schmunzeln, weit über den *Boulevard périphérique* hinaus …

Inhaltsverzeichnis

Das Wort »*PUTAIN*«

In Paris ist das Wort *putain* mehr als nur ein Wort. Es ist eine Krücke. Eine Krücke, die dem Pariser über jede gesellschaftliche Hürde hinweghilft. Es ist ganz unmöglich, sich länger als fünf Minuten mit einem Pariser zu unterhalten, ohne den Klang dieser Krücke zu vernehmen. Es sei denn, man ist selbst ein Sprössling dieser Stadt. Die Pariser haben nämlich die seltene Fähigkeit entwickelt, die Krücke ganz einfach niemals zu bemerken. Das geneigte Ohr des Parisers hört dieses Wort ganz einfach nicht mehr.

Das Substantiv *putain* verweist auf eine Prostituierte. Der Ausruf *putain!* verweist auf nichts und niemanden. Üblicherweise werden damit typisch pariserische Gefühle wie Unzufriedenheit, Wut oder Frustration voller Inbrunst zum Ausdruck gebracht. Wie zum Beispiel im Stau: »*Putain, das kann doch echt nicht wahr sein!*«; oder in Bezug auf den Chef: »*Der ist völlig bescheuert, putain …*« Unter diesen besonderen Umständen dient das Wort der Hervorhebung – ob nun als Auftakt oder als Schlusspunkt. Das ist bei Weitem auch der häufigste Gebrauch des Wortes.

Doch dem Begriff gelingt es, diese kleine Nische hinter sich zu lassen. Mit *putain* drückt man in Paris auch Überraschung aus. Beim Anblick eines sonnigen Himmels: »*Oh putain! Super Wetter heute!*«; ein kurzer Blick auf die Uhr: »*Putain, echt schon zwei Uhr?*« Etwas kategorischer wird *putain* als eindringliche Aufforderung verwendet, unverzüglich jedes Drängeln oder Aufschneiden einzustellen: »*Putain, jetzt warte doch mal!*«, »*Putain, echt jetzt?!*« Taucht *putain* ohne irgendeinen Zusatz in Zusammenhang mit einer traurigen Neuigkeit auf, bekundet man damit gleichermaßen Interesse wie Mitgefühl.

Pariser eins: *Und dann hat ihr Mann sie verlassen.*

Pariser zwei: *Putain.*

Pariser eins: *Ja, und jetzt ist sie allein mit drei Kindern …*

Putain

Überraschender ist hingegen, dass dieser Begriff auch Bewunderung oder sogar Ermutigung ausdrücken kann. Wenn man zum Beispiel einen Film lobt: »*Putain, der war einsame Spitze*«; oder die neue Wohnung eines Freundes bestaunt: »*Putaiiin*«; wenn man verdutzt feststellt, dass ein Bekannter, den man aus den Augen verloren hat, eine Weltreise macht: »*Putain …?*«; oder wenn man bei einem Fußballspiel einfach nicht mehr an sich halten kann: »*Jetzt macht schon, putain!*«

Gefolgt von der Präposition »de« wird der Begriff stark hervorgehoben: *»Der hat vielleicht eine putain de voiture, ein richtig geiles Auto«*, *»Das ist ein putain de restaurant.«*

Nur diese letzte Verwendung wird in Paris als unflätig erachtet. Es ist auch der einzige Fall, in dem Pariser dieses Wort überhaupt wahrnehmen.

Unterm Strich kann man also sagen, dass mit *putain* Überraschung, Wut, Ermunterung, Frust, Emphase oder Bewunderung zum Ausdruck gebracht werden. Ganz offensichtlich ist es eine sehr nützliche Krücke. Die häufige Verwendung von Krücken – ob nun physischer oder verbaler Natur – hat aber auch eine unschöne Kehrseite. Der exzessive Gebrauch des Wortes *putain* in seiner gängigsten Bedeutung zeugt von einem sozialen Drang, Wut, Aggression und Frustration hinauszutrompeten. Wenn Sie angesichts einer Vielzahl alltäglicher Begebenheiten die Ruhe bewahren und nicht automatisch wild losfluchen, dann sind Sie ganz offensichtlich kein Pariser. Letztendlich ist die Verwendung von *putain* nämlich auch ein Mittel der sozialen Integration. Und ganz dreist auf eine Krücke zu verzichten, wo doch alle eine benutzen, wäre einfach unangebracht. Für den, der in Paris lebt, ist die Alternative recht einfach: entweder in jedem Satz eine Handvoll *putains* verteilen oder sich eine andere Stadt suchen.

So nützlich Krücken sind, haben sie doch unbestreitbar einen Nachteil: Sie verursachen Ungleichgewicht und Verkümmerung. Die unmittelbare Konsequenz der weitverbreiteten Verwendung des Wortes *putain* ist eine hartnäckige Form von Denkfaulheit. Einfache Gefühle simpel ausgedrückt. Wahrung des Scheins und kleine Abstriche. Übertünchen der Leere. Abwesenheit kaschiert durch Worte.

Eine Lieblingsbeschäftigung des Parisers besteht übrigens darin, die Leute aus dem Süden Frankreichs nachzuahmen. Versucht der Pariser sich daran, dann verwendet er als Auftakt oder Abschluss seines Anfangssatzes systematisch ein südfranzösisch nasales, lang gezogenes *»putainnnggg …«* mit Betonung auf dem »g«. Pariser verfügen, das lässt sich nicht von der Hand weisen, über eine erstaunliche Beobachtungsgabe.

Praktischer Hinweis:

Wenn Sie mal nicht wissen,
was Sie sagen sollen,
dann sagen Sie einfach *»Putain …«*

Sagen Sie es auf Pariserisch:

»Nein, also ehrlich, *putain* …
ich glaub's ja nicht!«

Die Île Saint-Louis

In Sachen Immobilien begnügt sich der Pariser mit dem, was er bekommt. Und das ist auch gut so. Könnten sich die Pariser nämlich aussuchen, wo sie leben wollten, dann wäre die Île Saint-Louis ganz bestimmt bereits untergegangen.

Die Île Saint-Louis vereint eklatante Gegensätze in sich: zentral und doch abgeschieden, schön und doch schlicht, voller Leben und doch ruhig. Sie ist der Inbegriff von Paris, sein gemütlichstes Fleckchen, sein charmantestes Lächeln. Die Pariser wissen das und verschreiben sich ihr mit einer so unerschütterlichen Liebe, die letztendlich das eigene Wesen bestimmt.

Es tut gut, über die Insel zu gehen. Abgeschottet von den unliebsamen Makeln der Stadt, besänftigt sie durch ihre schlichte Eleganz. Man fühlt sich dort zu Hause. Spaziert entspannt herum, nimmt die Schönheit in sich auf. Auf dieser Insel kann man sich gut treiben lassen.

Pariser machen die Île Saint-Louis zu einem Ziel einfacher, zeitloser Vergnügungen. Ein Fahrradausflug mit den Kindern, eine Fremde, die man küsst, ein einträchtiger Spaziergang mit der Ehefrau. Im Lauf eines Pariser Lebens wird die Île Saint-Louis jahrein, jahraus zur Bühne von Momenten, die man nicht vergisst. Als wären die wertvollsten aller Fahrradausflüge, Küsse und Spaziergänge die auf der Île Saint-Louis. Sie macht diese Momente schöner, größer, verleiht ihnen Tiefe und Würze. Sie gibt dem Leben etwas Denkwürdiges.

Darum flaniert der Pariser dort auch nur selten: Die Île Saint-Louis hat etwas Überwältigendes an sich; ihre Schönheit kann zu einem lästigen Begleiter werden. Dafür hat der Pariser keine Zeit. Und da Selbstvergessenheit nun einmal nicht gerade zu seinen Stärken zählt, wählt der Pariser seine Momente auf der Insel mit Bedacht. Hauptsächlich, das lässt sich nicht leugnen, für romantische Rendezvous und Schlemmerausflüge zu Berthillon. Manchmal geht es jedoch einfach nur um den Spaziergang. Aber immer wird ihm der bittersüße Duft des Vergänglichen anhaften. Den bittersüßen Duft schätzt der Pariser besonders. Die Île Saint-Louis ist eine Flasche, hineingeworfen in den Pariser Ozean. Ein Spaziergang ist die Gelegenheit, zur Botschaft in ihr vorzudringen. Es ist nicht einfach, diese zu entschlüsseln. Doch jedes Mal scheinen bestimmte Worte aufzutauchen. Und diese Worte verraten uns etwas.

Etwas über eine Insel.

Und über einen Kontinent.

Praktischer Hinweis:

Gehen Sie am späten Abend dorthin.

Sagen Sie es auf Pariserisch:

»Also ganz ehrlich,
mein Traum wäre eine Wohnung
auf der Île Saint-Louis.«

SCHWARZ TRAGEN

Paris ist die Hauptstadt der Mode. Vor allen Dingen, wenn diese Mode sich allein auf das Tragen von Schwarz beschränkt. Der Pariser trägt gern Schwarz: schwarze Hosen, schwarze Schuhe, schwarze Socken, schwarze Mäntel … Die Liste ist lang.

Da sich allgemein das Credo »*Schwarz macht schlank*« durchgesetzt hat und die Pariserin von einem maßlosen Schlankheitswahn befallen ist, ist Schwarz ganz einfach ihr bester Freund.

Der Farbe Schwarz wird nicht nur nachgesagt, sie kaschiere (vermeintliche) Rundungen, sie eignet sich auch ganz hervorragend, um sich in die Pariser Gesellschaft zu integrieren: Schwarz gekleidet fällt man nicht auf. Was könnte angenehmer sein? Pariser lieben es, unbemerkt zu bleiben: Sie möchten ihre Einzigartigkeit nicht zwangsläufig durch ihre Kleidung zur Schau stellen. Dementsprechend schlicht muss diese also ausfallen. Alle Pariser stimmen überein, »*Schwarz, das ist schlicht, das passt immer.*«

Pariser kennen ihre Farben. Bunt gekleideten Menschen begegnen sie mit Verachtung. Schrilles wird als Affront empfunden: Bei jemandem, der es fertigbringt, Rot oder Gelb zu tragen, stellt sich umgehend die Frage nach seiner Zurechnungsfähigkeit. Blau ist akzeptabel. Insbesondere Marineblau, das den Vorteil hat, häufig für Schwarz gehalten zu werden.

Von der goldenen Regel, immer und überall Schwarz zu tragen, gibt es nur eine Ausnahme. Und zwar eine saisonbedingte Ausnahme. Im Sommer darf der Pariser Weiß tragen. Schließlich gilt: »*Weiß, das ist schlicht, das passt immer.*« Die Pariserin hingegen wird die Farbe des Sommers wählen. Jeden Sommer geben Frauenzeitschriften ihrem Gefolge die Marschrichtung vor. Kein Aus-der-Reihe-Tanzen. Was Farbe betrifft, hat Originalität ihre Grenzen. Nur zu gern kommen die Pariser Frauen dieser Auflage jedes Jahr aufs Neue nach, entspricht sie doch einem Freifahrschein für zusätzliches Shoppen. In einem »blauen« Sommer könnte beim verblüfften Spaziergänger, der durch die Straßen von Paris schlendert, der Eindruck entstehen, er wandele durch ein merkwürdiges Dorf von Schlümpfen.

Bemängelt ihr Freund rundheraus die Hässlichkeit der Sommerfarbe, betrachtet die Pariserin ihn mit dieser Mischung aus Verzweiflung und Gereiztheit, die langjährigen Beziehungen zu eigen ist: »*Die Farbe ist diesen Sommer total angesagt, du hast doch einfach keine Ahnung.*«

Tatsächlich hätte sich der Pariser ein kleines bisschen mehr Mühe geben können.

Praktischer Hinweis:

Tragen Sie nicht nur Schwarz.
Ein weißer Kragen oder ein farbiger Schal verleihen dem Ganzen eine elegante und … schlichte Note.

Sagen Sie es auf Pariserisch:

»Ich hab mir da einen schwarzen Pulli gekauft, ganz schlicht, aber ein absolutes Muss …«

Der TGV

Lieben heißt in gewisser Weise eine Schwäche zugeben. Folglich verspüren Pariser keine Neigung, sich lang und breit über das auszulassen, was sie lieben. Allerdings ist es ebenso unangebracht wie taktlos, jemandem nur deshalb mit Verachtung zu begegnen, weil er Züge liebt, schließlich bekennt sich der Pariser nur zu gern zu seinem TGV.

Wenn Pariser sich über die großartigen Dinge unterhalten, die ihren Ursprung in Frankreich haben, taucht der TGV zumeist ganz oben auf der Liste auf, noch vor Gleichheit, Freiheit, Brüderlichkeit oder dem Château-d'Yquem. Franzosen lieben den TGV. Alle Franzosen. Pariser sind da keine Ausnahme. Während Provinzler den TGV aber insofern schätzen, als er Paris, und somit die Welt, in ihre Reichweite rückt, ziehen Pariser ganz anderen Nutzen aus dem TGV. Betrachtet man nämlich das Schienennetz des TGV, dann gleicht Frankreich mit seinen Städten einer Planetenkonstellation am Himmel, in deren Zentrum Paris seine Strahlen wie eine Sonne aussendet. Jeder abgehende Strahl spendet den dunkelsten Flecken, die in ihrer Gesamtheit die Provinz bilden, großzügig Licht. Der Pariser surft auf diesen Sonnenstrahlen.

Nichts ist gewöhnlicher als ein Gespräch über den TGV. Alle Pariser sind sich einig, der TGV ist »*superpraktisch*« und »*superschnell*«. Für gewöhnlich gipfelt die Unterhaltung in einem »*ganz ehrlich, einfach klasse, der TGV*«. Allgemeine Zufriedenheit. Da kommt fast Langeweile auf. Bei diesem Thema gibt es nur einen einzigen Streitpunkt: »*Fährt man besser mit dem Zug nach Nizza oder sollte man den Flieger nehmen?*« Auf diese heikle Frage hat keiner in Paris eine endgültige Antwort. Für den aufmerksamen Zeitgenossen hält auch das 21. Jahrhundert noch ein paar ungeklärte Rätsel bereit.

Auch wenn der TGV hauptsächlich von Geschäftsreisenden genutzt wird, stellt er für eine Mehrzahl der Pariser vor allem eine direkte Verbindung zu schönen Momenten dar. Er ist der heimliche Komplize für gelungene Ferien und Wochenenden: »*zwei Stunden zwanzig nach Straßburg*«, »*drei Stunden nach Marseille*«. Der TGV ist schnell und zuverlässig, bietet dem Pariser aber gleichzeitig auch eine nahezu unwiderstehliche Gelegenheit: sich ein Erste-Klasse-Ticket zu gönnen. Für ein paar Euro mehr. Gerechtfertigt werden diese paar Euro in der Regel mit dem unwiderlegbaren Argument: »*In der ersten Klasse gibt's Steckdosen, total klasse, da kann ich meinen Laptop anschließen und was arbeiten oder einen Film anschauen.*« Luxus muss auf dem Nützlichen fußen, das Angenehme ist dabei natürlich nur eine unbedeutende Nebensächlichkeit.

Weil eine Liebesgeschichte ohne Haken aber ein Ding der Unmöglichkeit ist, achtet der Pariser schon aus Prinzip – und stets um ein gesundes Maß an Ausgewogenheit bemüht – peinlich darauf, sich über die Sandwichpreise im Zug zu beschweren. Allerdings kennt »das gesunde Maß« keine allgemeingültige Einheit, und so tönt dann ein schneidendes *»Das ist ja skandalös«* durch den Zug, dem man nichts entgegensetzen kann. Sollte ein TGV Verspätung haben oder gar ausfallen, kommt ein Pariser zu dem übereilten Schluss, wie verdammt *»privilegiert«* alle Angestellten der SNCF doch sind. Danach fühlt er sich besser.

Welches Privileg regelmäßige kleine Ausflüge durch die bezaubernden Regionen Frankreichs für den Pariser darstellen, daran denkt er gar nicht erst.

Genau wie der Zug, den er über alle Maßen liebt, ziehen die Gedanken des Parisers zu schnell weiter, um sich mit derartigen Überlegungen aufzuhalten.

Praktischer Hinweis:

75 % der TGV-Reisenden haben
eine »Ermäßigungskarte«.
Und Sie?

Sagen Sie es auf Pariserisch:

»Komm, dieses Wochenende nehmen wir
einfach den TGV und fahren irgendwohin.«

Jemanden als Fascho bezeichnen

Gemeinhin ist ein Faschist ein glühender Anhänger des faschistischen Regimes im Italien der Vorkriegszeit.

In Paris ist ein Faschist jemand, der dem Pariser offen und mit Nachdruck widerspricht, und das vermutlich zu Recht.

Pariser betiteln Leute liebend gern als Faschisten, häufiger noch als *»Faschos«*. *Fascho* ist in Paris ein Schlüsselwort. Es kann sowohl als Substantiv gebraucht werden – *»Zemmour ist doch wirklich der letzte Fascho«* – als auch als Adjektiv: *»Du weißt schon, dieser Typ, der immer so ein bisschen fascho rüberkommt …«* Wer als *Fascho* bezeichnet wird, ist unweigerlich gebrandmarkt; selbst unbegründet hinterlässt dieser Ausdruck einen ehrenrührigen Nachgeschmack.

Fascho ist die schlimmste aller Beleidigungen. Sie verweist auf eine gedankliche Verwirrung im Dienste verheerender Ideologien. Für den Pariser kann diese Bezeichnung eine schon fast grotesk anmutende Vielfalt von Individuen umfassen. Die am wenigsten gebräuchliche Form – was zwar historisch sinnwidrig ist, dem Pariser aber durchaus entgegenkommt – bezeichnet eine rechtsextreme Person. Sehr viel häufiger ist damit aber jemand gemeint, der Meinungen und Fakten kundtut, die der Pariser nicht hören will. Und je überzeugter diese unbequemen Meinungen vorgetragen werden, umso zwingender ist der Angesprochene ein *Fascho*.

Tatsächlich bedeutet *»Fascho«*, dass der betreffende Gesprächspartner durchaus recht hat, der Pariser sich jedoch nicht den Hauch eines Zweifels anmerken lassen oder den eigenen Standpunkt relativieren will – was, und das weiß der Pariser nur allzu gut, jeglicher Realität entbehrt. Doppelfehler. Spiel, Satz und Sieg.

Das Wort *Fascho* ist also eine glänzende Waffe, um mit ihrer Hilfe in einer Diskussion den Sieg davonzutragen. Stößt er mit seinen fehlgeleiteten Argumenten auf ein unwiderlegbares Argument, was den Anhängern des Gutmenschentums schon als solches merkwürdig vorkommt, dann wird der Pariser als braver Musterschüler sein Gegenüber einfach als *Fascho* bezeichnen und die Debatte damit umgehend für sich entscheiden. Zur Krönung setzt er noch mit Leichenbittermiene einen Satz hinzu wie *»Mit dir kann man einfach nicht diskutieren«* oder ein *»Wie kann man nur so einen Schwachsinn behaupten?«*. Und dann, voll rechtschaffener Empörung, verschwindet er. Gewonnen.

Sollte diese wohlfeile Demonstration von Überlegenheit zu offensichtlich überzogen sein, greift der Pariser lieber auf Bezeichnungen wie *»Poujadist«* (falls der Gesprächspartner nicht gerade Beamter oder Journalist ist) oder aber *»Populist«* zurück (falls ein Politiker der gegnerischen Partei etwas gesagt hat, das von gesundem Menschenverstand zu zeugen scheint). Für ihn stellen Poujadismus und Populismus die Wurzeln des Faschismus dar, die es beharrlich zu bekämpfen gilt.

In Paris geht man generell davon aus, dass gewisse Gruppierungen ausschließlich aus *Faschos* bestehen. So sind rechts- und linksextreme Aktivisten, Angehörige des Militärs und katholische Familien, die ihre Ferien in der Bretagne verbringen, allesamt *Faschos*, ausnahmslos (von ganz wenigen linksextremen Aktivisten abgesehen, die als *»Humanisten«* bezeichnet werden). Außerdem gilt jeder, der irgendwann im Laufe eines Gesprächs gewisse gesellschaftliche Phänomene mit geografischen, ethnischen oder religiösen Aspekten in Verbindung bringt, als absoluter Oberfascho.

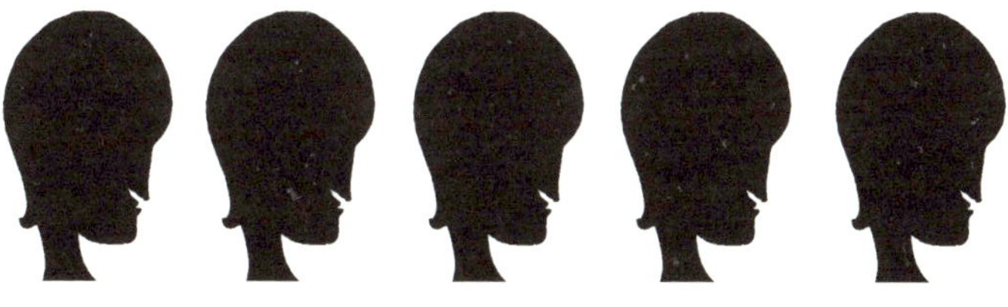

Die Stichhaltigkeit spielt bei der Beurteilung keine Rolle; es ist nicht gut, in Paris als *Fascho* bezeichnet zu werden. Der Pariser denkt gar nicht erst daran, dass er mit dieser blindwütigen Etikettierung einer neuen Art von Gedankenpolizei eifrig Vorschub leistet. Er hat sich dem Kampf gegen den Faschismus verschrieben, der in seiner Stadt jederzeit die Oberhand zu gewinnen droht.

Dem wachen Beobachter dürfte nicht entgehen, dass der Faschismus in Paris bei solchen Feinden ganz gewiss keiner Freunde mehr bedarf.

Praktischer Hinweis:

Der Ausdruck *Faschist* darf nur in Unterhaltungen mit politischem Inhalt verwendet werden. Ansonsten ist *Fascho* treffender und völlig ausreichend, um einen Gesprächspartner in Verruf zu bringen.

Sagen Sie es auf Pariserisch:

»Schon, aber Sarkozy ist und bleibt ein Fascho …«

Kino am Sonntag

Auf die Frage »Welchen Wochentag mögen Sie am wenigsten?« kann es in Paris nur eine Antwort geben: den Sonntag. Den grässlichen Sonntag.

In der westlichen Welt haben alle Sonntage denselben bittersüßen Geschmack vom Ausklang des Wochenendes. Pariser fürchten diesen Tag mehr als alles andere. In Paris ist dieser Tag nämlich bitter hoch zwei …

Das Wochenende verschafft dem Pariser keine Erholung: Es ist eine unausgesprochene gesellschaftliche Herausforderung, ein zu absolvierendes Pflichtprogramm. Leben in Paris wird eher erzählt als tatsächlich gelebt. Und so muss der Pariser jedes Wochenende Kapitel seines Lebens erschaffen, die er mit anderen teilen kann: Munition für den Montag. Der Sieg geht an den besten Erzähler. Die Schilderung setzt immer mit dem überschwänglichen Freitag, Samstag und Samstagabend ein: Der Pariser weiß, wie man sich amüsiert. Puh! Was für ein Glück! Er wird seine Erzählung hier und da mit Elementen ausschmücken, die von seinen Interessen, seinem dicken Geldbeutel oder seinen äußerst beneidenswerten Freundschaften zeugen. Die Kaffeepause am Montagmorgen kommt einem gesellschaftlichen Schaulaufen gleich, das der größten Virtuosen des Alltags würdig ist. Aber die Erzählung stockt, gelangt man zum Sonntag: »*Und am Sonntag, nichts Großartiges, entspannt gechillt.*« Schamloses pariserisches Lügen: deprimierende Langeweile als wohltuende Erholung ausgeben.

Die ehrlichsten Bekenntnisse sind die, in denen der Pariser freiheraus zugibt, dass »*der Sonntag einfach schrecklich ist, da ist nichts los, alles geschlossen*«. Tatsächlich können Sonntage in Paris drei Formen annehmen: »*den ganzen Tag zu Hause gefaulenzt*«, »*den ganzen Tag zu Hause gefaulenzt, mal abgesehen von einem Mittagessen mit der Familie oder einem Brunch mit Freunden*«, oder aber eine dieser beiden Varianten, garniert mit einer Kinovorstellung im Lauf des Tages.

Es ist gut möglich, dass diejenigen, die am Sonntag durchs Marais spazieren und so tun, als würden sie dort shoppen, in Paris leben, allerdings werden sie nicht als Pariser angesehen. Das Wesen des Parisers beruht zum Teil auf der unerschütterlichen Gewissheit, dass der Sonntag so richtig belanglos ist und man sich dementsprechend unwiderruflich mit dieser Belanglosigkeit abfinden muss. Sonntags gibt es nur für Touristen und Provinzler, die erst vor Kurzem hergezogen sind, Hoffnung. Der Pariser muss darüberstehen. Über der Hoffnung.

Ist die Realität grau, dann ist ein Kinosaal, wie der Pariser weiß, der richtige Ort, um ein paar Stunden für Farbe zu sorgen. Tiefstes Schwarz, bunte Farben, starke Gefühle und der heimliche, aber hartnäckige Wunsch, bis zum Ende des Tages diese Bilderrutsche hinabzugleiten. Paris hat weltweit die meisten Kinosäle, die alle sonntags ohne Ausnahme von einer nach Farbe lechzenden Meute gestürmt werden. Von diesen Boatpeople der Eintönigkeit.

Der Pariser ist und bleibt insgeheim ein Romantiker. Ohne jede Hoffnung, aber ein Romantiker.

Da der Sonntag ein Tag der minimalen gesellschaftlichen Anstrengung ist, folgt auf den Film kein Abstecher in eine Kneipe oder in ein Restaurant. Die Freunde, die ihren Sonntag gemeinsam im Kino verbringen, haben einen Grad der Vertrautheit erreicht, bei dem man sich nicht mehr mit irgendwelchem oberflächlichen Geplänkel oder Angebereien aufhält. In dieser sonntäglichen Geselligkeit steckt eine stillschweigende Freundschaftserklärung: »Ja, mein Sonntag ist völlig bescheuert, aber mit dir kann ich das teilen.« Hier fallen die Masken, und Unterhaltungen werden einsilbig – die Schlange war lang genug.

Dem Film am Sonntag haftet schlussendlich immer ein Geschmack nach Sonntag an. Der Kaffee am Montagmorgen, mit seinem dunklen, bitteren Aroma, erlaubt dem Pariser, die Oberhand wiederzuerlangen.

Es lebe der Montag.

Praktischer Hinweis:

Museum?
Kleiner Spaziergang durch Paris?
Sport? Sex? Lesen?

Sagen Sie es auf Pariserisch:

»Ach du, am Sonntag hab ich übrigens einen ganz netten Film gesehen …«

Salzbutter-Karamell

Süßes hat in Paris immer einen Beigeschmack von Schuld. Dieses heimliche Vergnügen … Im Leben zeigt sich das noch deutlicher als auf dem Teller – Süßes hat immer etwas mit Schwachwerden zu tun. Eine kleine Schwäche. In einem klammheimlichen Sichgehenlassen das Gleichgewicht der Dinge durcheinanderbringen. Nichts Schlimmes. Manche werden sogar sagen, derartige Vergnügungen seien eine ganz herrliche Sache. Nicht so der Pariser.

Süßes enthält für ihn alle Kümmernisse, die die Dekadenz mit sich bringt. Es stopft und ist gehaltvoll, sinnlich und verlockend, verführerisch und spöttelnd. Folglich muss man sich vor Süßem vorsehen. Es immer nur maßvoll genießen. Gerade so viel nehmen, dass der verfängliche Schatten der Dekadenz nicht die angenehm genussvolle Aufheiterung verdunkelt. Bei diesem stummen Hin- und Hergerissensein zwischen Gut und Böse hat der Pariser im Salzbutter-Karamell einen wertvollen Verbündeten gefunden. Es ist so süß, wie es nur irgendwie geht, geradezu teuflisch süß, aber in diesem Kokon aus unerhörter Süße schwingt das rettende Adjektiv mit: *salzig*. Spöttelnd und respektlos. Gehorsam und rebellisch. Durch eine großzügige Prise Salz wird das Karamell für den Pariser annehmbar. Es macht das Vergnügen fast angenehm. Salz ist schon eine verdammt schöne Sache.

Salzbutter-Karamell war unlängst noch eine bretonische Eigenheit. Die charmante Bezeugung einer alten, traditionell bretonischen Gewohnheit, die darin bestand, die Butter zu salzen. Doch sein zauberhafter Geschmack und seine erlösenden Eigenschaften haben ihm die Pforten der Hauptstadt geöffnet. In den letzten Jahren ist es in Paris zum Hoffnungsträger aller schuldbewussten Sünder geworden. Der Pariser findet sein Salzbutter-Karamell in unzähligen kleinen trojanischen Ponys: Eis, Makronen, Bonbons… Von dieser pausbäckigen Kavallerie bleibt das Salzbutter-Karamellbonbon das erhabenste Symbol, die ausgefeilteste Gaumenfreude. Diese eine, der man einfach nicht widersteht.

Sobald der Pariser »Salzbutter-Karamell« auf der Nachtischkarte liest, stößt er ein unvermeidbares »Oh, Salzbutter-Karamell…« aus. Bereits in diesem Moment ist alles entschieden. Wie durch Zauberhand hat das Salz den Zucker und die Dekadenz verschwinden lassen. Der Pariser ist erlöst.

So soll es sein.

Praktischer Hinweis:

In Sachen Salzbutter-Karamell
ist Henri Le Roux eine Koryphäe.

Sagen Sie es auf Pariserisch:

»Es wurde mit einer Kugel Salzbutter-Karamelleis serviert …
einfach himmlisch! Ich liebe Salzbutter-Karamell.«

Freunde

Der Pariser braucht keine neuen Freunde. Er hat ohnehin schon genug.

Im Alter von dreiundzwanzig Jahren hat der Pariser bereits die Gesamtheit seiner Freunde fürs Leben gefunden, aufgeteilt in drei Gruppen: Kindheitsfreunde, Freunde von der Schule und Freunde von der Universität (oder aus der Ausbildung, je nachdem). Fügen Sie noch eine Handvoll Bekanntschaften aus dem Urlaub und eine Prise derjenigen hinzu, mit denen er als Kind in die Musikschule ging oder im Sportverein war, dann ist die Liste vollständig. Von diesen drei Gruppen sind dem Pariser die Freunde von der Uni am liebsten. Mit den anderen muss er sich viel mehr abplagen.

Man sollte unbedingt wissen, dass die meisten Pariser vom Großteil ihrer Freunde genug haben, was in einem ganz natürlichen Misstrauen vor jedem neuen Freund resultiert. Außerdem werden sie ihrer rasch überdrüssig. Warum sich also die Mühe machen?

Einen neuen Pariser Freund zu finden kommt dem Versuch gleich, sich mit einer neuen Person unter dreiundzwanzig anzufreunden. Jenseits dieser Schwelle stammen die neuen Freunde ausnahmslos aus der Provinz oder dem Ausland. Die einzige Möglichkeit, hier Abhilfe zu schaffen, ist eine Liebesbeziehung mit jemandem einzugehen, der Pariser Freunde hatte, ehe er dreiundzwanzig war. So wird einem die besondere Ehre zuteil, Zeit mit ihnen verbringen zu können.

In diesen glanzvollen (seit Jahren verschlossenen) Kreis einzutreten, macht aus Ihnen jedoch einen Unruhestifter und einen Grund für Eifersucht, Tratsch und Mutmaßungen. Ein etwas zu herzlicher Tonfall wird als anstößiger Versuch der Verführung ausgelegt. Bereiten Sie sich darauf vor, vom eigenen Geschlecht gehasst und vom anderen geliebt zu werden. So lautet die unumstößliche Regel, kommt es zu einem Austausch mit Gruppen von Parisern.

Die alten Freunde verleihen dem Pariser das Gefühl der Verwurzelung, die ihnen das Leben in der Stadt vorzuenthalten scheint. Keine neuen Freunde zu wollen hat mit Bequemlichkeit und Stabilität zu tun. Da der Pariser seine Freunde perfekt kennt, schließt er mit gutem Recht darauf, die Welt perfekt zu kennen.

Angesichts einer derartigen Bravour bei der Subtraktion in Freundschaftsangelegenheiten kann man dem Pariser für seine Unfähigkeit im Addieren keinen Vorwurf machen.

Praktischer Hinweis:

Machen Sie sich darüber keinen Kopf,
in der Regel sind Zugezogene sowieso angenehmer
und lustiger.

Sagen Sie es auf Pariserisch:

»Am Donnerstag esse ich mit Guillaume …
pfff, ich hab so keinen Bock, aber ich hab das Treffen
schon zwei Mal platzen lassen, dieses Mal
muss ich wirklich hingehen.«

SUSHI

In Paris sind drei Kriterien Grundvoraussetzung für Coolness: ein iPhone zu besitzen, Chucks zu tragen und Sushi zu essen – mindestens zweimal die Woche. Verstoßen Pariser gegen eines dieser drei Prinzipien, dann verschließen sich ihnen die Pforten zur coolen Welt.

Im Laufe der letzten fünf Jahre haben sich Sushi-Menüs als typische Mahlzeit des coolen Parisers etabliert (»cool« muss hier bitte so verstanden werden, dass jeder Pariser unter vierzig der Überzeugung ist, er wäre cool). Wenn der Pariser also jeden Mittag mit seinen Kollegen essen geht, dann wird er unweigerlich wenigstens einmal pro Woche Sushi essen.

Sushi-Restaurants schießen in Paris wie Pilze aus dem Boden und werden für gewöhnlich von Chinesen geführt. Wie die beiden anderen eingangs erwähnten Kriterien für Coolness ist auch Sushi ein Trend aus Amerika und wird von Chinesen hergestellt. Der coole Pariser ist zweifelsohne ein Freigeist. Bei der ersten Verkostung von Sushi glaubt er jedoch, in die geheime und erlesene Welt der japanischen Gastronomie vorzudringen, ganz im New Yorker Style… Ein wohliger Schauer überläuft ihn bei der Erkundung fremdartiger kulinarischer Genüsse. Schon bald wird ihm aber bewusst, dass man mit Sushi ernährungstechnisch gesund und relativ preisgünstig leben kann. Also wird er zum Stammgast. Der zu Beginn verhaltene, fast schon devote Respekt verwandelt sich zunehmend in eine Unhöflichkeit, die häufig absurde Züge annimmt. Von da an imitiert der Pariser gern den chinesischen Akzent, um sich über den Kellner lustig zu machen.

In den meisten dieser Restaurants gleichen sich die Menüs – was äußerst praktisch ist –, außerdem werden sie einem freundlicherweise mit Hilfe von Fotos verständlich gemacht. Während der Pariser eine Vorliebe für das Menü mit den *Yakitori*-Spießen hat, wählt die Pariserin in einem vornehmen Anfall diätbedingter Mäßigung in der Regel *Sashimi*. Kommt der Pariser in Begleitung eines Provinzlers zum Sushi-Essen, erläutert er ihm zunächst die Handhabung der Stäbchen, ehe er für ihn mitbestellt. Der Pariser ist ja so weltgewandt, ein echter Kosmopolit, und dabei so gastfreundlich.

Die Sushi-Leidenschaft spielt sich inzwischen längst nicht mehr nur innerhalb der vier Wände eines Sushi-Restaurants ab: Paris ist zur Hauptstadt der Lieferservices für Sushi geworden. Die auf diesem Markt agierenden Gewerbe sind etwas kommerzieller und nicht in chinesischer Hand. Sobald der Sonntagabend ins Land zieht, geben die Pariser unter vierzig ihre Bestellungen durch. Es gibt keine Ausnahme von dieser Regel.

Früher oder später wird der Sushi-Schlemmer verkünden, er liebe die japanische Küche: »*Ganz ehrlich, die japanische Küche ist so super-*

exquisit, da steh ich total drauf.« Die japanische Küche zu lieben heißt in Paris jedoch nichts anderes, als Sushi zu mögen. Mit der Entdeckung der Rue Sainte-Anne, dem Herzen des *Little Tokyo* in Paris, erreicht diese überschwängliche Begeisterung dann ihren Höhepunkt. Schlendert der Pariser zum ersten Mal durch diese Straße, verspürt er den Schauder des Pioniers, in dessen Genuss nur die größten Entdecker eines Tages kommen. Er wird überglücklich sein, endlich in die einzigartige Welt der »*echten*« japanischen Küche einzutauchen, zubereitet und serviert von »*echten Japanern*«. Hat er einmal in der Rue Sainte-Anne gegessen, kehrt er den Sushi-Menüs langsam den Rücken – offiziell werden sie als Nahrung für Prolls abgetan (zumindest bis zum Sonntagabend) –, um als der große Abenteurer, der er schon immer war, die faszinierende Welt der *Soba, Udon* oder anderer *Okonomiyaki* zu erforschen. Auch seine Freunde wird er an diesen neuen Genüssen teilhaben lassen und sie »*in ein ganz tolles kleines japanisches Restaurant*« mitnehmen, »*Ihr werdet schon sehen*«. (Praktischerweise ist besagtes Restaurant für gewöhnlich auch das einzige in der Rue Sainte-Anne, dessen Schwelle der Pariser jemals überschritten hat.) Mit diesem Hauch Herablassung, der den Grundstein einer jeden Pariser Freundschaft bildet, klärt der Pariser seine Freunde dann auch systematisch vor dem Restaurantbesuch auf: »*Aber denkt daran, das hier ist ein richtiger Japaner, da gibt es kein Sushi!*«

Die Nase immer ganz vorn haben, ohne sich ins Aus zu schießen, ist eine überaus pariserische Antwort auf die Diktatur der Coolness: Ich bin cool, aber ich bin auch noch cooler als cool. Und nach eingehender Prüfung macht das aus dem Pariser einen Supercoolen.

Praktischer Hinweis:

Für den Fall, dass Sie sich nicht so gern die Beine in den Bauch stehen, sollten Sie am Samstagabend vorzugsweise einen Bogen um die Rue Sainte-Anne machen.

Sagen Sie es auf Pariserisch:

»Ach du, gestern hab ich mir ’nen ganz chilligen Abend zu Hause gemacht, nur Sushi bestellt, nichts Besonderes …«

Nummernschilder

Nicht jedem ist es vergönnt, Pariser zu sein.

In seinem Edelmut hält der Pariser anderen ihre bedenkliche Herkunft nicht vor. Dennoch kann er nicht umhin zu denken, dass jegliches Fehlverhalten des Nicht-Parisers in seiner unrühmlichen Herkunft zu suchen ist. Diese Tendenz ist vor allem dann spürbar, wenn Autos involviert sind.

In dem Moment, in dem sich der Nicht-Pariser hinters Steuer setzt, wird er zu den letzten beiden Ziffern auf seinem Nummernschild. Sein Wesen wird eingeschränkt. Umgehend verwandelt er sich in einen *»78er«*, *»42er«* oder *»29er«* … Die letzten beiden Ziffern auf einem Nummernschild bezeichnen das jeweilige Departement. Paris hat die 75. Alle anderen Departements verbindet man umgehend mit ländlichem Mief oder Depression.

Ländlicher Mief haftet zahlreichen Departements an, sie kommen einem aber selten unter. Der Pariser sieht sie kaum: diese 07er, 86er, 41er, 23er, 53er, die nicht zufahren, zögerlich sind und Fußgängern den Vorrang lassen. Zwangsweise muss der Fahrer ein *»Bauer«* sein, aber der Pariser hegt ihm gegenüber eine gewisse Zuneigung und zeigt sich dementsprechend nachsichtig. Genau so sollte sich der Stadtmensch dem Landmenschen gegenüber verhalten.

Abgesehen vom 75. Departement, lassen alle anderen Departements Gedanken an Depressives aufkommen. Allen voran kommen die Departements, in denen es kälter oder regnerischer ist als in Paris, dicht gefolgt von der *Banlieue*, den Vorstädten. In Paris muss unbedingt bedacht werden, dass die 77er, 78er, 91er, 92er, 93er, 94er und 95er Vorstädter sind. Damit verbunden ist ein gegen null gehendes Ego und eine Schulbildung, für die noch so einiges zu tun wäre. Hinterm Steuer sind diese Personen eine unmittelbare Gefahr. Zwei Departements heben sich aus der nebulösen Hierarchie der Vorstadtdepartements heraus: das 78. und das 92. Hinter diesen Departements verbergen sich etwas wohlhabendere Vorstädte, sie sind also weniger peinlich.

Auf den gelegentlichen Besucher kann der Verkehr in Paris chaotisch wirken, dabei unterliegt er sehr einfachen Regeln.

Regel Nummer eins: Es gibt keine Fußgänger.

Regel Nummer zwei: Staus werden immer von Departements mit ländlichem Mief verursacht: »Dieser Arsch aus dem 27., der blockiert hier alles seit einer halben Ewigkeit.«

Regel Nummer drei: Jegliches unverschämte Verhalten im Straßenverkehr ist immer einem Departement zuzuschreiben, bei dem man Depressionen bekommt: »Dieser Typ aus dem 94. ist ja völlig bescheuert, der bringt noch jemanden um.«

In Paris ist allgemein bekannt, dass der Pariser besser Auto fährt als alle anderen Franzosen. Er lebt ja schließlich in Paris.

Unterm Strich hilft es also zu wissen, woher die anderen Autofahrer stammen, um ihr Fehlverhalten beim Fahren entsprechend ihres Herkunftsorts vorhersehen zu können. Der Pariser weiß sehr wohl, dass ihm erst dann keine Gefahr mehr droht, wenn er nur noch von 75ern umringt ist, wodurch Paris zum einzigen Ort weltweit würde, an dem sich die Leute im täglichen Leben genauso vorhersehbar verhalten würden wie hinterm Steuer.

Praktischer Hinweis:

Lernen Sie die Departements auswendig.

Sagen Sie es auf Pariserisch:

»Also ehrlich, dieser Vollidiot aus dem [Nummer]sten geht doch allen auf den Zeiger!«

Roland-Garros – Die French Open

Die Eröffnung der French Open, für jeden Franzosen als *Roland-Garros* bekannt, ist unbestreitbar eines der größten Ereignisse im Pariser Jahr. Es markiert den Triumph des grünenden und verführerischen Frühlings. Dieser Maitag leitet den milden Abschnitt der freudigen Monate ein, der in einer neu auflebenden Form heidnischen Brauchtums mit der Prozession der Pariser zur überdimensionalen Sonnenbank an der Porte d'Auteuil gefeiert wird. Schließlich will der Pariser im Stadion von Roland-Garros vor allem eines: braun werden.

Das Turnier hat andeutungsweise etwas Mondänes. Andeutungsweise deshalb, weil es der Öffentlichkeit zugänglich ist, aber dennoch mondän, weil ein Teil davon trotzdem ganz exklusiv bleibt. Zu verkünden »*Gestern war ich in* Roland-Garros«, ist eher ein Ausweis gesellschaftlicher als sportlicher Aktivität. Diese zwei Wochen voll antiquiertem Charme aus vergangenen eleganten Zeiten versetzen den Pariser in eine Stimmung, deren extravagantester Bestandteil der sonnenbeschienene Müßiggang ist, in dem der Pariser gern länger verweilen würde.

Der Plebs findet sich in den Gängen zusammengepfercht wieder, die VIPs und Sponsoren haben jedoch ihre Zugangskarte, mit der sie ins geheimnisvolle *Village* gelangen. Am eiligsten haben es die sogenannten Geschäftsmänner, die nur zwei, drei Stunden im Stadion verweilen, eine etwas bessere Mittagspause also.

Sobald sie sich im *Court Central* niedergelassen haben, gilt die Aufmerksamkeit des Parisers nicht so sehr dem gelben Ball als vielmehr seinen Mitmenschen in den Sitzreihen, die er nach einem Promi absucht. Nichts kommt dem freudigen Gefühl gleich, das sich seiner bemächtigt, sobald er feststellt, wie viel er doch mit den Beneidenswertesten gemein hat. Stellt sich diese Suche als erfolglos heraus, tröstet er sich mit der Aussicht auf einen schön gebräunten Teint, auf den ihn Kollegen und Freunde über mehrere Tage hinweg ansprechen werden.

Gegen Ende Mai teilt sich Paris in zwei Gruppen: die mit einem Ticket fürs Finale und die anderen. Die erste Kategorie wird von der zweiten als Scheißkerle betrachtet. Insgeheim ist das Ersteren jedoch egal, sie wissen, dass sie es im Leben zu etwas gebracht haben.

Was bei allen anderen Ereignissen als Gipfel proletenhaften Verhaltens angesehen würde, bekommt an der Porte d'Auteil Absolution erteilt. Bei den French Open ist es nämlich zulässig, sich ein Souvenir zu kaufen.

Das Hochamt des Frühlings lässt endlich das Vergnügen zu. Es scheint, als wäre alles möglich, sobald man den *Boulevard périphérique* hinter sich gelassen hat.

Praktischer Hinweis:

Bringen Sie Sonnencreme mit.

Sagen Sie es auf Pariserisch:

»Du hast ein Ticket für Roland-Garros?
Ohhhh Mann, du hast vielleicht Glück!«

DER *CAFÉ GOURMAND*

Manche Fragen sind charakteristisch für ein ganzes Land: *»Käse oder Dessert?«* war vor langer Zeit charakteristisch für Frankreich. Aber Frankreich hat sich verändert, diese Frage erübrigt sich inzwischen, und die Entscheidungen am Ende der Mahlzeit sind um ein Vielfaches einfacher zu treffen. Die Verknappung der Moderne war am Werk: Die angemessene Frage lautet heute einfach nur noch: *»Dessert?«*

Die Frage, ob ein Dessert gewünscht ist, ist durchaus noch angebracht, beim Kaffee erübrigt sie sich jedoch. In Paris ist ein Essen ohne Kaffee wie in England ein Tag ohne Alkohol – eine ziemlich eigenartige Sache. Hat man zusammen gespeist, dann rundet ein Kaffee das Essen ab.

Im Verlauf der letzten Jahrzehnte hat das Dessert den Käse in

Paris verdrängt; dann ist es seinerseits hinter dem Kaffee zurückgeblieben. Zum Ende des Essens kommt es zu großen Rangeleien. Seit Kurzem findet der Pariser im Nachtisch den idealen Schuldigen: zu teuer, zu kalorienreich, und es dauert zu lange... armes Dessert. Während dieser Zeit erlebte der Kaffee höchst selbstzufrieden einen Aufschwung. Häufig wird er von einem *Stückchen Schokolade* begleitet – irgendwie spöttisch und neckisch, fast schon arrogant.

Der *Café Gourmand* ist ein legitimer Versuch, Kaffee und Dessert wieder miteinander zu versöhnen. Vereint auf einem Teller feiern ein *Espresso* und eine Auswahl an Miniaturdesserts den rühmenswerten Bund von Süßem und Bitterem. Ungetrübte farbenprächtige Freude.

Die Auswahl an Desserts besteht für gewöhnlich aus einem Mini-Schokokuchen, einer Mini-Crème brûlée, einem Mini-Clafoutis und einer kleinen Kugel Eis. Mini und zuckerhaltig ist eine Kombination, die den Pariser erfreut. Mini-Süßes gleich Mini-Sünde. Perfekt...

Der Trick des *Café Gourmand* besteht darin, Kaffee und Dessert anzubieten; besser noch, Kaffee und mehrere Desserts. Mit verschwörerischer Höflichkeit schmeicheln die Gastwirte dem unerhört süßen Zahn des Parisers. Unschlüssig, ob (man Ihnen anmerken soll, dass) noch Platz für ein Dessert ist? Dann ist der *Café Gourmand* in seiner diskreten Fülle die richtige Antwort.

Man sollte aber unbedingt wissen, dass man einen *Café Gourmand* zwar nach dem Mittagessen durchaus bestellen kann, das Gleiche abends zu tun, bringt einem hingegen kritische Blicke ein. Was zur Mittagszeit von den anderen Gästen als charmantes

Zeichen eines gemäßigten Genießerdaseins angesehen wird, zeugt am Abend von einer gewissen Unfähigkeit, sich gehen zu lassen und den Moment auszukosten. Durch ein sehr pariserisches Wunder entscheidet so die Uhrzeit darüber, ob ein *Café Gourmand* die Freude eher mehrt oder mindert.

Der Siegeszug des *Café Gourmand* in den Pariser Restaurants teilt uns schließlich etwas über die Entwicklung der Bedeutung von Gaumenfreude mit, laut der es nachmittags ein Laster ist, ein großes Dessert zu genießen, abends aber eine Tugend.

Wer hat gesagt, die Winter in Paris seien lang?

Praktischer Hinweis:

Das Leben ist kurz,
genehmigen Sie sich ein Dessert.

Sagen Sie es auf Pariserisch:

»Oh, hey, ein Café Gourmand,
wieso eigentlich nicht?!
Und, wer will sonst noch einen?«

Die *Racailles*

Was vor zwei Jahrzehnten noch *la racaille* hieß, ist jetzt in den Plural gewechselt und heißt *les racailles* – es gibt davon mittlerweile nämlich unzählige. Während das Phänomen ein noch nie da gewesenes räumliches und zahlenmäßiges Ausmaß annahm, hat das Wort den nicht zählbaren Kokon hinter sich gelassen; es hat die Einzahl abgelegt, um in den Plural einzutauchen. In Paris sind Wörter dem Denken häufig einen Schritt voraus, wenn es darum geht, eine Realität zu erfassen.

Ein *Racaille* ist ein Kleinganove, ein soziologischer Hochgenuss, den man anhand einer wunderbaren Reihe von Eigenschaften ganz hervorragend identifizieren kann: Gettoakzent, Gettoaccessoires, Gettomaßstäbe und Gettoaggressivität.

Während Parisbesucher aus dem Ausland diese kleinen Ganoven mit viel Belustigung wahrnehmen, ist der Pariser angesichts eines solchen *Racaille* ziemlich ratlos. Im Verlauf der Jahre ist Paris zur großen Testosteronzentrifuge geworden, die dieses Hormon in die Außenbezirke verdrängte. So hat der Mann in Paris seine Männlichkeit ganz oder zumindest fast ganz verloren, während man jenseits des Stadtrands unter der Last des geächteten Hormons zusammenbricht.

Einem *Racaille* auf der Straße zu begegnen, verursacht dem Pariser einen regelrechten Moment des Unwohlseins. Des körperlichen Unwohlseins: Dem Pariser ist vollauf bewusst, dass er sich nicht verteidigen kann, und er fürchtet sich vor der physischen und verbalen Brutalität des *Racaille*. Die Pariserin fürchtet sein respektloses und aggressives Verhalten. Aber das Unwohlsein ist durchaus auch gesellschaftlicher Natur: Der *Racaille* verkörpert den gesellschaftlichen und kulturellen Zusammenbruch des schönen Frankreich. Er verabscheut und verachtet den Pariser, ein Großteil der Pariser kann sich indessen nicht dazu durchringen, den *Racaille* zu verabscheuen und zu verachten, was wiederum die empfundene Abscheu und Verachtung des *Racaille* nur noch verstärkt. Letzten Endes sickert bei den einen irregeleitete Wut, bei den anderen schuldbewusste Nachsichtigkeit heraus. Die Zentrifuge läuft heiß.

Der *Racaille* macht das Leben in Frankreich weniger angenehm. Der Pariser sieht sich vor großen öffentlichen Menschenansammlungen vor – denn *»die sind voller* Racailles*«*. Der Neologismus »racailleux« beschreibt eine solch unruhige, dicht gedrängte Umgebung. Bereiche wie die Champs-Élysées oder Les Halles werden ganz einfach von Parisern gemieden: *»Viel zu* racailleux*!«*

Begleitet wird der *Racaille* von einem ausgesuchten Sortiment an Adjektiven. Voller Verachtung spricht die Pariserin von den *»kleinen* Racailles« oder den *»kleinen beschissenen* Racailles«. Der junge, etwas furchtsamere Pariser spricht hingegen eher von *»krassen* Racailles« oder *»falschen* Racailles«, womit er sich auf *»weiße* Racailles« bezieht. Ein Weißer kann in Frankreich unmöglich ein harter Kerl sein. Der Ausdruck *»caillera« oder »caille«* wird auch von Rappern und ihren Fans verwendet, wie im Deutschen das Wort »Gangsta«. Ältere Pariser ignorieren das Phänomen weitgehend und reden einfach nur von *»Jugendlichen«*, *»Vorstadtjugendlichen«* oder *»Rabauken«*.

Auch wenn man niemals sehen wird, wie ein Pariser einem *Racaille* in die Augen sieht, so mokiert er sich doch gern im wohligen Komfort seines kleinen Appartements über ihn. Dabei entwickelt jeder seine eigene Interpretation des *»Racaille-Akzents«*, einen gut einstudierten Sketch, in dem er altertümliches Verlan mit krampfhaftem Gestikulieren mischt, von dem er meint, es stamme aus dem Getto. Je weniger Kontakt ein Pariser zu *Racailles* hat, umso häufiger benutzt er Worte wie *»zyva«* (Verlan für vas-y – mach schon) oder spricht von *»9-3«* (ausgesprochen »neuf-trois« statt »quatre-vingt-treize«) und meint damit das Département Seine-Saint-Denis. Der Pariser kennt sich aus in den Vorstädten.

Als prächtige Krönung des Verschwindens der französischen Frau werden junge Vorstadtmädchen zur *»Racaillette«* – ebenso erkennbar und aggressiv wie ihre männlichen Kollegen, und genau wie diese treiben sich auch die Mädchen im Pulk herum. Die *Racaillisierung* der französischen Jugend hat eingesetzt. Daraus ergibt sich eine Verallgemeinerung der Subkultur des Gettos, bestimmt durch einen gewissen Hass auf Frankreich und die Franzosen, eine Faszination für Rap, Fußball und den Islam. Die Haltung der Pariser angesichts dieser *Racailles* erklärt die Spannbreite des Phänomens, ebenso wie es die Zukunft des Landes ankündigt. Unterm Strich haben die Pariser recht… sie tun gut daran, sich den *Racaille*-Akzent anzueignen.

Praktischer Hinweis:

Junge, in Lacoste oder Tommy Hilfiger
gekleidete Pariser tragen das nicht, um ihrem Papa,
sondern vielmehr dem Hip-Hopper Kool Shen zu ähneln.

Sagen Sie es auf Pariserisch:

»Ach, das war absolut bescheuert,
lauter *Racailles*, wir sind früh gegangen.«

Weisse Socken

Der Pariser ist zutiefst und über alle Maßen davon überzeugt, dass jedes menschliche Wesen Respekt verdient.

Mit Ausnahme derer, die weiße Socken tragen.

Ein grauenhafter Anblick, der unverzüglich tiefste Abscheu und Verachtung hervorruft; der Weißbesockte wird umgehend aus der menschlichen Gemeinschaft ausgeschlossen. Die Nachsicht des Parisers hat durchaus ihre Grenzen.

Das mag hart erscheinen, aber diese Reaktion entspricht dem Grad der empfundenen ästhetischen Beleidigung. Eine derartige Geschmacksverirrung sollte gesetzlich verboten sein. Angesichts eines Paars weißer Socken verliert der Pariser seine durch und durch demokratische Gesinnung.

Das verweichlichte Gutmenschentum hört also in der Sockenabteilung auf. Werden weiße Socken zu eleganten Straßenschuhen getragen, stellen sie ein unzweifelhaftes Indiz für die soziale Zugehörigkeit dar und sind der schlimmste Geschmacks-Fauxpas überhaupt: Wer so etwas zur Schau trägt, ist ganz eindeutig ein *absoluter Oberproll.* Sicherheitsabstand. Amüsiert betrachtet der Pariser einen *absoluten Oberproll* im Fernsehen, erblickt er ihn jedoch neben sich, dann ist das eine Beleidigung für sein Ego. Manche behaupten, es sei akzeptabel, weiße Socken zu Turnschuhen zu tragen. Das gilt aber ausschließlich für den Sportplatz. Anderswo heißt es, genau wie eins plus eins zwei ergibt, Turnschuhe plus weiße Socken gleich: *Game over.*

Die weiße Socke ist nach Pariser Maßstäben der Gipfel der Geschmacklosigkeit in Sachen Kleidung. Die Silbermedaille geht an das kurzärmelige Hemd. Ein Nobelpreisträger, der weiße Socken trägt, bleibt für den Pariser ein Oberproll-meinetwegen-Mathegenie-und-wenn-schon-mir-doch-egal-trotzdem-ist-er-ein-totaler-Proll-geht-ja-wohl-gar-nicht-*putain*.

Zum Leidwesen des Parisers wird ein Mensch hier auf Erden von den meisten anderen Menschen aber an dem gemessen, was er erreicht hat und wie er sich verhält, und nicht an seinem Geschick bei der Wahl seiner Socken. Und der Pariser weiß nur zu gut, welche Farbe die Socken dieser anderen Menschen haben.

Ja, manchmal fühlt sich der Pariser etwas einsam hier auf Erden.

Praktischer Hinweis:

Sollten Sie nach Paris kommen,
dann vermeiden Sie weiße Socken, unbedingt.
Sie können auch anders provozieren.

Sagen Sie es auf Pariserisch:

»Also ehrlich, der Typ, weiße Socken, kurzärmeliges Hemd …
das ganze Programm, absolut unterirdisch.«

Englisch sprechen

Der Pariser spricht sehr gutes Englisch. In der Regel ist es besser als sein Französisch.

Ganz selbstverständlich haben britische Einsprengsel ihren Weg ins Pariser Französisch gefunden.

Mit seinen Freunden spricht der Pariser über seinen *»spirit«*, sein *»timing«* oder sein *»management«*. Er *updated*, er *checkt*, er *cancelt*. Angestellte einer Firma sprechen in der Regel besseres Englisch als die übrigen: Und zwar deshalb, weil sie den lieben langen Tag mit *»meetings«*, *»slides«*, *»deadlines«* und *»feedback«* jonglieren.

Schnell fühlt sich der Pariser in seinem professionellen Jargon ganz zu Hause: Er ist *»corporate«*. Außerdem weiß er um die beschränkten Möglichkeiten der französischen Sprache. Oder kennen Sie etwa ein französisches Wort für *spirit*?

Wenn er erwähnt, dass er *»absolut no time hatte, weil er so busy war und zwischen dem Lunch mit seinem Boss und dem Meeting mit dem CEO auch noch ein Feedback-Talk mit dem Trainee führen musste«*, ist er sich des leicht angelsächsischen Einschlags in seinem Satz überhaupt nicht bewusst. Das ist der Preis seines Wissens. Eines auf der Arbeit, beim Reisen oder beim Durchblättern von Zeitschriften angeeigneten Wissens. Da die meisten Zeitschriftenredaktionen in Paris sitzen, sollte man sich also nicht darüber wundern, dass seit einiger Zeit Rubriken wie *»Fashion«*, *»People«* oder *»Shopping«* auftauchen.

Für den Pariser ist Englisch insgeheim cooler als Französisch; und ganz offensichtlich fällt es ihm auch sehr viel leichter. Sich des Englischen zu bedienen, erweist sich folglich als ganz großartiges Werkzeug, um seinesgleichen zu erkennen. Pariser verstehen die weiter oben angeführten Beispiele tatsächlich problemlos, während nur wenige Kleinstädter dazu in der Lage sind. Der Kleinstädter macht sich hingegen häufig darüber lustig. Das ist das Ergebnis seiner Unwissenheit.

Der Pariser hat zwei Möglichkeiten, auf diese Kritik zu reagieren. Entweder räumt er ein: *»Oje, ich weiß schon, echt übel, oder? Das rutscht mir einfach so raus, ziemlich bescheuert, was?«*, oder er erwidert als resoluter Befürworter des Fortschritts: *»Wie bist du denn drauf, lebst du noch hinterm Mond?! Mach dich mal locker und sei ein bisschen up to date.«*

Ganz ehrlich, es ist ganz schön *tricky*, Pariser zu sein.

Praktischer Hinweis:

Der Pariser stört sich nicht an *»falschen Freunden«*.
Falls Sie also sowohl Französisch als auch Englisch beherrschen,
sollten Sie sich besser noch das Pariser Englisch aneignen.
Ihrer Dreisprachigkeit steht nichts im Wege.

Sagen Sie es auf Pariserisch:

»Nein, der Deal ist, dass es eben keine guest list gibt, that's all!«

Die *Grandes Écoles*

Für das Beurteilen von Intelligenz ist die universitäre Laufbahn in Paris das wichtigste – um nicht zu sagen das einzige – Kriterium. Folglich ist es ganz normal, dass die Absolventen der Grandes Écoles dort als höhere Wesen angesehen werden.

Unter *einem guten Studium* versteht man in Frankreich zweierlei: entweder ein *Medizinstudium* oder ein *Studium an einer Grande École*. Alles andere hat keinen Wert. Es gibt zwei verschiedene Typen von *Grandes Écoles*: Wirtschaftshochschulen (ESSEC, HEC) und Ingenieurschulen (Polytechnique, Centrale, Mines, Ponts). Zählen Sie hierzu noch Sciences-Po, die sozialwissenschaftliche Hochschule (irgend so ein Zwischending, aber dennoch mit ganz ordentlichem Ruf), und die »Ulm«, die École Normale Supérieure für Natur- und Geisteswissenschaften (höchst wettbewerbsfähig, wenngleich keine *École* im eigentlichen Sinn), dann haben Sie die berühmte Liste beisammen. Praktischerweise befinden sich diese ganzen *Écoles* in Paris und Umgebung.

ENTRALE
POLYTECHNIQUE
ESSEC
HEC

An einer *Grande École* zu studieren, bringt mehrere Vorteile mit sich. Allen voran ist man mit diesem Werdegang gesellschaftlich bessergestellt. Die Worte *Grande École* hinterlassen im pariserischen Unterbewusstsein dauerhaftere Spuren als eine Tätowierung auf der Haut eines Finnen. Da die meisten Pariser jedoch nicht in den Genuss einer *Grande École* gekommen sind, empfinden sie gegenüber Absolventen einer solchen eine gewisse Scham, die ihr ganzes Leben lang anhält. Es ist zwar hilfreich, Karriere gemacht, eine wunderbare Familie gegründet zu haben oder einfach ein guter Mensch zu sein, merzt allerdings niemals den bitteren Makel aus, der in dieser verpassten Abzweigung zwischen achtzehn und zwanzig liegt.

Und so teilen alle Pariser einen Traum: eines Tages eines ihrer Kinder an einer *Grande École* studieren zu sehen. Erst dann haben sie es in ihrem Leben zu etwas gebracht und können in Frieden sterben.

Der Hinweis, jemand studiere gerade an einer *Grande École* oder habe dort studiert, taucht in einer Unterhaltung in der Regel sehr früh auf. In den seltensten Fällen sagt es jedoch die Person, um die es geht, häufiger vernimmt man es von einem nicht ganz so brillanten Freund, der überglücklich ist, sich vor seinen anderen nicht ganz so brillanten Freunden damit brüsten zu können, einen mit dem Label *Grande École* versehenen Freund zu haben: »Ich war da mit Marc, du weißt schon, mein Kumpel von der *Centrale*...« Die Haltung, die der Diplomierte der *Grande École* zu diesem Zeitpunkt einnimmt, drückt aus: *»Leute, ich bin genau wie ihr.«* Das macht ihn in den Augen der anderen nur umso bewundernswerter: *»Der ist nicht nur intelligent, der ist noch dazu nett.«*

Es ist schwierig, an einer *Grande École* angenommen zu werden. Für gewöhnlich muss man sehr hart arbeiten, braucht ausgezeichnete Noten, Eltern aus einem privilegierten sozialen Milieu und ein Quäntchen Glück. Diese Mischung wird durch das erfolgreiche Bestehen der berüchtigten Aufnahmeprüfung abgerundet, die dem Absolventen, der all das in sich vereint, eine dauerhafte Aura der Überlegenheit verleiht.

Dass die große Mehrheit der Absolventen einer *Grande École* nur die schweigende Armee der anonymen grau gekleideten Führungskräfte verstärkt, ist nicht relevant. Ihre Intelligenz wurde bereits bescheinigt. Sie haben gewonnen, alle anderen verloren. Erfolgreiche Unternehmer, Künstler, Schriftsteller, Chefköche oder Handwerker werden in Paris niemals zur Elite gehören (zumindest nicht zu ihren Lebzeiten). Diese Kategorie ist ausschließlich den Absolventen der *Grandes Écoles* vorbehalten. Die anderen sollen einfach ihres Weges gehen.

Wenn man verstanden hat, dass Intelligenz von einer einzigen Sache abhängt und dass über sie ganz und gar im Alter von zwanzig Jahren entschieden wird, dann entwirft der Pariser so für die ganze Welt eine für alle übersichtliche und verständliche gesellschaftliche Hierarchie.

Ein »*Dankeschön*« scheint an dieser Stelle durchaus angebracht.

Praktischer Hinweis:

Die offenkundigste Form des beruflichen Erfolgs zeigt sich, wenn man der Vorgesetzte eines Absolventen einer Grande École ist.

Sagen Sie es auf Pariserisch:

»Weißt du, dass Diane heiratet?
Eine gute Partie, einen Absolventen der ESSEC, supernett …«

Der Jardin du Luxembourg

Zusammen mit dem Central Park gehört der Jardin du Luxembourg zu den Lieblingsparks des Parisers.

Durch die Alleen des liebevoll *»Luco«* genannten Parks zu wandeln, ist für ihn das reinste Vergnügen. Er genießt die herrliche Eleganz, den Stil und den Frieden, die hier herrschen.

Bei einer alten Eiche, zwischen den Geistern der Maria de' Medici und dem goldglänzenden Palais du Luxembourg und jetzigen Sitz des Senats, versöhnt der Garten Monarchisten und Republikaner.

Abgesehen von dieser Reise in die großartige Vergangenheit Frankreichs, zu deren Darsteller dieser erhabene Spaziergang den Pariser vorübergehend macht, wird er im Jardin du Luxembourg in seine eigene Vergangenheit versetzt. Kaum hat er das Tor hinter sich gelassen, prasseln Erinnerungen auf ihn ein. Erinnerungen an Nachmittage, als er als Student Kurse schwänzte, um stattdessen um ein aufreizendes Mädchen herumzuschwänzeln; Erinnerungen an Stunden, die er mit der Lektüre von Kant oder Levinas auf einem dieser metallenen und doch so bequemen Stühle verbrachte. Mit dem Versprechen eines schöneren Gestern verherrlicht der Jardin du Luxembourg vergangene Zeiten, zwangsweise verrät er sie dabei aber auch. Schließlich hat der

Pariser niemals Kurse geschwänzt und auch keine philosophischen Abhandlungen gelesen.

Neben diesen leisen Anklängen an vergangene Zeiten ist der Jardin du Luxembourg ein tröstlicher Ort. Der Fremde sieht hier nur einen Park, wo sich doch eigentlich eine Bühne verbirgt, auf der der Pariser schauläuft. Ein zauberhaftes Spektakel.

Dreierlei Geschwindigkeiten bestehen bei diesem Schaulaufen im Grünen nebeneinander. Man trifft auf eine bunte Mischung aus Spaziergängern, Joggern und Sitzenden. Die Spaziergänger sind in der Regel Touristen oder Pariser, die im Viertel wohnen und entsprechend begütert und von einflussreicher Herkunft sind. Die Jogger gruppieren sich und laufen gemeinsam ihre hektischen Runden im äußeren Bereich des Gartens. Ein merkwürdiges Karussell aus

Parisern und Zugezogenen, die sich damit abmühen, diesen schönen Garten in einen kleinen Pariser Central Park zu verwandeln. Auch die Sitzenden sind Pariser oder Zugezogene (Touristen haben keine Zeit, sich zu setzen). Für gewöhnlich tun sie so, als würden sie lesen. Das geübte Auge findet aber schnell heraus, dass sie nur hier sind, um frische Luft zu schnappen und die Vorübergehenden zu betrachten. Eine weitere Lieblingsbeschäftigung des Parisers besteht darin, sich in Mädchen zu verlieben, die an ihm vorbeigehen, ohne ihn eines Blickes zu würdigen. Der Jardin du Luxembourg ist sowohl eine notwendige Atempause als auch eine Erweiterung des Lebens und der Unternehmungen an der Rive Gauche.

Genau wie der Jardin du Luxembourg den Geist des Spaziergängers anspricht, fängt er aufs Wunderbarste das Wesen von Paris ein: Die Natur, ein frischer Passatwind in einem trockenen Theater, wird hier gezähmt.

Praktischer Hinweis:

Es ist ein absolutes Muss zu wissen,
welche Fotoausstellung gerade
im Palais du Luxembourg läuft.

Sagen Sie es auf Pariserisch:

»Lass uns im *Luco* spazieren gehen,
ich brauche unbedingt ein bisschen frische Luft!«

So seine Theorie haben

Eine andere Denkweise zu haben, bedeutet in Paris nicht etwa, radikales Gedankengut zu vertreten oder sich tiefgründige Fragen zu stellen. Eine andere Denkweise haben heißt nur, so zu tun, als hätte man eine andere Denkweise. Und dazu reicht es, so seine Theorien zu haben.

Der Pariser hat zu den meisten Themen eine Meinung und vermittelt seinem Gesprächspartner damit einen Einblick in sein Wissen, dem, und das ist bemerkenswert, etwas Enzyklopädisches anhaftet. Seine Theorien zeigen, dass es dem Pariser nicht ausreicht, über mehr Informationen und Wissen zu verfügen als die anderen, er ist darüber hinaus versiert genug, diese Schwemme an Erkenntnissen durch einen ihm eigenen Filter aufzubereiten, den sogenannten Filter der Überlegenheit.

Der Pariser hat eine Theorie zu allem und jedem – zugegebenermaßen mit einem kleinen Faible für Politisches. Unter »politisch« versteht der Pariser zwei Dinge: interne Machtkämpfe und das, was im Bett von Politikern so vor sich geht.

Sich in Gesellschaft mit einem Halbwissen aus den großen Medien zu präsentieren, die bereits klammheimlich ihre Theorien aufgestellt haben, gilt in Paris als Zeichen intellektueller Schwäche. Um das zu erstellen, was er als *»gute Theorie«* bezeichnet, muss der Pariser Tatsachen verknüpfen, die eigentlich nichts miteinander zu tun haben, oder neue statistische oder analytische Elemente präsentieren. Seine Theorien beleuchten etwas neu. Der Pariser weiß, wie man Licht in eine Sache bringt.

Und er kündigt seine Theorien mit kleinen Floskeln an: *»Ich habe da so meine Theorie«* für intuitive Theorien und *»Ich habe da so eine Theorie«* für solche, die etwas stärker untermauert sind. Dieser Satz hat eine erregende Wirkung auf den Intellekt des Parisers und garantiert ihm eine nahezu andächtige Aufmerksamkeit seitens seiner Zuhörer. Die machiavellistischsten unter den Parisern bringen ihre Theorien in aufeinanderfolgenden Salven ohne einführende Worte vor, überrumpeln so ihre Gesprächspartner, die unweigerlich zu dem Schluss kommen müssen, dass der Pariser tatsächlich unglaublich intelligent ist.

Es ist gut zu wissen, dass nur sehr wenige Pariser ihre Theorien selbst ausarbeiten. Die meisten wiederholen einfach nur überzeugende, hier und da im Fernsehen oder von einem tatsächlich kultivierten und intelligenten Onkel gehörte Theorien. Der eigentlichen Quelle wird dabei keinerlei Verdienst oder Ansehen zuerkannt. Mit dem Licht verhält es sich wie mit der Intelligenz, der Pariser ist und bleibt die Quelle.

Sobald eine Theorie zu abgedroschen und durchgekaut ist, verwendet er sie nicht länger und hält häufig auch nicht länger an ihr fest, da er befürchtet, für einen Wichtigtuer oder *Ewiggestrigen* gehalten zu werden. Während seiner Reisen in die Provinz wird er sie jedoch ganz selbstverständlich wieder hervorkramen. Schließlich hat der Pariser da so eine Theorie zu den Provinzlern: *»Die sind doch völlig neben der Kappe.«*

Praktischer Hinweis:

Gehen Sie mit Theorien immer sparsam um,
wenn Sie nicht als Anhänger von Verschwörungstheorien gelten
und in allerhöchste Ungnade fallen wollen.

Sagen Sie es auf Pariserisch:

»Ich hab da so eine Theorie:
Die Leute tragen Bundfaltenhosen, weil …«

Kirschtomaten

Louis Armstrong sagt *tomato*. Und ganz egal, was sie behauptet, Ella Fitzgerald sagt dasselbe. Der Pariser hingegen kennt die Tomate nicht mehr. Er spricht nur noch von der Kirschtomate.

Der Pariser ist cool.

Einer der vielen Aspekte von Coolness drückt sich darin aus, keine Tomaten mehr zu kaufen. Es ist wie bei allem, was Coolness in Paris ausmacht: Die Abkehr von der guten alten Tomate ist eine Richtung, die der Pariser größtenteils unbewusst einschlägt. Der Pariser isst gern Tomaten, er kauft nur keine mehr. Was Tomaten betrifft, könnte man meinen, das Wort *cool* wäre allein für den Pariser erfunden worden.

Die Kirschtomate weist alle positiven Eigenschaften der Tomate auf, ohne ihre Makel zu teilen. Auf die Frage *»Weshalb Kirschtomaten?«* hat der Pariser nur eine Antwort: *»Keine Ahnung, ich mag sie, außerdem ist das mal was anderes.«* Mehr brauchst du nicht zu sagen, lieber Pariser – du liebst Veränderungen, das wissen wir nur zu gut. Und wir verstehen es. *Adieu Tomate. Bonjour Kirschtomate.*

Man trifft überall in Paris auf Kirschtomaten. Im Restaurant kann man mit einer viertel Kirschtomate für wenig Geld ganz wunderbar die Deko auf einem Teller zur Geltung bringen. Im Supermarkt teilt die nachlässig im Einkaufskorb abgelegte Schachtel Kirschtomaten allen Umstehenden mit, dass Sie sich diesen Extraeuro erlauben können. Zu Hause haben Kirschtomaten den Vorteil, keine zusätzliche Arbeit zu machen. Kleinste Anstrengung, bestmögliches Ergebnis. Momentan ist es in Paris undenkbar, Freunde zum Essen einzuladen, ohne zum Aperitif Kirschtomaten zu servieren: *»Das ist ganz einfach, aber total nett und ganz frisch.«*

Die Konsequenzen dieser Umwälzung sind tragisch. Erstes Opfer des Kollateralschadens: Der *Tomatensalat* gilt als *cheap* und überholt. Auf der Menükarte von Pariser Restaurants wird er gegen den angesagteren Salat *caprese* eingetauscht, besser als »Tomaten-Mozzarella-Salat« bekannt.

Zum Glück verlässt der Pariser von Zeit zu Zeit jedoch Paris. Führt ihn seine Reiserei in die Provinz, dann stellt er fast gerührt fest, dass die Tomate dort noch immer existiert. Und dass sie häufig sogar richtig gut schmeckt. Also kommt er zurück nach Paris, voll guten Willens, ihr eine zweite Chance einzuräumen. Dieses Mal mit Biotomaten, die, so hofft er, geschmackvoll und gesund sind.

Seine Vorsätze enden dann aber unweigerlich vor dem Regal mit den Kirschtomaten … diese bezaubernden Dinger, einfach unwiderstehlich!

Praktischer Hinweis:

Gutes Gemüse finden Sie in Frankreich
unter: http://www.reseau-amap.org/

Sagen Sie es auf Pariserisch:

»Ich hab Nico und Elisa zum Aperitif eingeladen.
Kannst du bitte bei Monoprix vorbeifahren und
eine Flasche Rosé, etwas Wurst und Kirschtomaten mitbringen?
Und ich geh schnell noch zum Bäcker, bevor er zumacht!«

Jeans

Es ist ganz einfach, das Alter eines Parisers zu erraten.

Alle Pariser unter fünfzig tragen Jeans. Alle Pariser darüber tragen keine.

Die Jeans ist die neue Pariser Uniform. Keine Jeans zu tragen ist reine Subversion, eine Verweigerung gesellschaftlicher Gepflogenheiten. Steht der Anzug für die Arbeit, so steht die Jeans für das Wochenende. Die Jeans ist Ausdruck von Freiheit, genau wie das Wochenende.

Für denjenigen, der keinen Anzug bei der Arbeit trägt, symbolisiert die Jeans eine Art Protesthaltung: »*Echt jetzt, ich lass mich doch nicht vom System versklaven.*« Das Tragen der Jeans wird so zum Zeichen reiner Arroganz.

Auch die Frau trägt Jeans. Ständig. Besitzt der Pariser zwei bis drei Jeanshosen, ist es nicht ungewöhnlich, bei der Pariserin ein ganzes Dutzend vorzufinden. Die entscheidende Frage beim Kauf einer neuen Jeans, die einzig bedeutsame, lautet unausweichlich: »*Macht die einen dicken Arsch?*« (Es kommt durchaus vor, dass sich die Pariserin vulgär ausdrückt). Der Pariser begnügt sich in der Regel mit Jeansblau. Die Pariserin zögert nicht, die Grenzen des Möglichen auszureizen, indem sie zu Grau- und Schwarztönen greift. Stil ist eine Frage des Wagemuts.

Wie bei jeder Uniform ist auch das Tragen der Jeans reglementiert.

Regel Nummer eins: Es ist unschicklich, Jeans zu Turnschuhen zu tragen. Wer in Paris Jeans und New Balance-Schuhe trägt, ist zwangsweise Amerikaner. Die einzige Ausnahme zu dieser Regel bilden Chucks. Diese Ausnahme gilt für beide Geschlechter. Jeans plus Chucks ist eine zulässige Abwandlung der Uniform.

Regel Nummer zwei hängt mit der sogenannten Diesel-Kontroverse zusammen. Eine Diesel-Jeans zu tragen, besagt eindeutig: »*Ich kann locker 250 Euro für eine Jeans ausgeben.*« (A. d. R.: Hierbei denkt der Pariser an seinen Geldbeutel, und nicht etwa an sein Gewissen.)

Infolgedessen drehen sich viele Gespräche um die betreffende Person, es geht um ihren Stil, ihre Werte, ihren beruflichen Erfolg und darum, wie sehr sie sich doch verändert hat. Nicht zum Missfallen des Parisers.

Wenn es um Jeans geht, reduziert sich die Unterstreichung der eigenen Persönlichkeit letztendlich auf eine einzige Frage: Soll das Hemd jetzt in die Hose oder nicht? Beim Mann muss das Hemd in die Hose, T-Shirt oder Polo-Shirt dürfen hingegen keinesfalls in der Hose getragen werden. Bei der Frau ist es selten eine gute Idee, etwas in der Hose zu tragen.

Selbstverwirklichung findet in Paris durch das Verinnerlichen einiger Codes und durch die Ablehnung gewisser Praktiken statt. So wird der Pariser sich weigern, keine Jeans zu tragen, genau wie er sich weigern wird, kurzärmelige Hemden zu tragen. Diese beiden Regeln sind unveränderlich und bilden ein unwandelbares moralisches Grundgerüst.

Praktischer Hinweis:

Der Schnitt Ihrer Jeans verrät viel über Ihre sexuellen Vorlieben. Bedenken Sie das unbedingt beim Kauf.

Sagen Sie es auf Pariserisch:

»Ich muss mir unbedingt mal wieder 'ne Jeans kaufen…«

Berthillon

Das beste Eis weltweit bekommt man ganz offensichtlich in Paris, bei Berthillon. Jeder Pariser kennt diese Adresse, da gibt es keine Ausnahme.

Berthillon ist ein seltener Luxus, den alle Pariser sich leisten können. Der Reiz von Berthillon liegt in seinen Milch- und Wassereissorten. Doch das Berthillon-Erlebnis ist weit mehr als nur ein eiskaltes Vergnügen: Das Berthillon-Vergnügen entspinnt sich aus Geduld und beginnt bereits beim Warten. Jetzt kann man über Geschmacksrichtung und die Anzahl der Kugeln entscheiden, normalerweise nimmt man eine, Naschkatzen nehmen zwei.

Sobald er bedient wurde, spaziert der Pariser mit seinem Eis über die *Île Saint-Louis* und fragt seinen Berthillon-Begleiter jedes Mal: »*Und, schmeckt's?*«

Der Begleiter: »*Fantastisch.*«

Das ist einer der wenigen Momente, in denen sich ein Pariser genau wie ein Tourist verhält. Er ist begeistert, spaziert beschwingt herum, bis er sein Eis gegessen hat. Das Berthillon-Eis ist eine erlösende Wohltat für die Seele. In gewisser Weise ist man stolz, sich ein Eis bei Berthillon gekauft zu haben. Dieser Kauf, so simpel er auch sein mag, macht den Pariser gleichzeitig sehr raffiniert, sehr vornehm, sehr reich und gibt ihm das Gefühl, auch sehr mit seiner Stadt verwurzelt zu sein. Jedes Mal, wenn er sich ein Eis bei Berthillon geholt hat, erzählt der Pariser die ganze Woche davon. »*Wir haben bei Berthillon vorbeigeschaut.*« Tadaa. *One point.*

Der Aufschwung der amerikanischen Eisdielen in den letzten Jahren, zu denen sich neuerdings auch italienische gesellen, hat die Konkurrenz auf dem Speiseeismarkt belebt. Der Pariser entscheidet sich jedoch trotz der Marketingarmada dieser großen Ketten noch immer für ein kleines Familienunternehmen, das sich der Massenproduktion verweigert, und ist sich dabei unbewusst darüber im Klaren, dass er sich mehr als nur ein kleines Vergnügen leistet. Er verteidigt damit eine gewisse Form der Kultur. Eine gewisse Vorstellung von der Welt. Eine gewisse Vorstellung von Paris.

Praktischer Hinweis:

Gehen Sie am Abend dorthin: Ein Eis bei Berthillon, Notre-Dame, die Île Saint-Louis und die Stille unter dem Himmel von Paris sind regelrecht Balsam für die Seele.

Sagen Sie es auf Pariserisch:

»Berthillon?! Also du lässt es dir ja gut gehen …«

Kritik an den Parisern üben

Der Pariser liebt seine Stadt. Aber er verabscheut die Pariser. Viele Pariser sind mehr oder weniger bewusst in dem Glauben an eine gewisse pariserische Überlegenheit aufgewachsen. Frankreich als höchst zentralisiertes Land hat mit Paris einen Ort, an dem sich die gesamten politischen, ökonomischen, medialen und künstlerischen Kräfte des Landes bündeln. Das Abwandern hochqualifizierter Menschen aus der Provinz nach Paris flaut niemals ab. Ob für das Studium oder für die Arbeit, früher oder später verschlägt es die brillantesten Provinzler dorthin. Viele bleiben, und ihre Kinder werden dann Pariser. Folglich versammeln sich in Paris alle einflussreichen und herausragenden Köpfe, die Provinz hingegen bleibt ein Ort der Sommerfrische und der Hinterwäldler.

Während seiner Kindheit und Jugend kommt der Pariser häufiger mit Menschen aus anderen Regionen Frankreichs oder der Welt in Kontakt. Diese Begegnungen formen ihn mit der Zeit und lassen ihn schließlich einen anderen Blick auf seine Mitmenschen werfen. So entdeckt er einen Charme, den der Pariser scheinbar nicht besitzt – diese unbeirrbare Verwurzelung, die starke Charaktere hervorbringt, ein Gespür für den anderen, das vom viel zu städtischen Leben verbissen niedergetrampelt wird.

Mit dem Finger auf die Kaltherzigkeit und Ruppigkeit des Parisers zu zeigen, ist aber die beste Möglichkeit, damit er seine Andersartigkeit und so implizit auch seine Überlegenheit vorführt. Wenn der Pariser seinesgleichen kritisiert, krönt er sich, ein Überragender unter Überragenden.

Zu behaupten, Pariser seien kaltherzig, versnobt, unnahbar und spröde, ist dennoch keine umwerfend neue Erkenntnis. Vielmehr stellt sich im Anschluss die eigentliche Frage: »*Na und?*« Der aufsässige Pariser ist wenig geneigt, darauf zu antworten. Diese Aufgabe überlässt er anderen; er ist ganz zufrieden mit dem, was er an Intelligentem auf der Welt verbreitet hat. Somit ist die Quadratur des Kreises bei allen Problemen, die mit Parisern zu tun haben, schnell erreicht.

Die hier enthüllte Erkenntnis stellt für den Pariser allerdings ein enormes Problem dar, wirkt sie sich doch unmittelbar sowohl auf seine Lebensqualität als auch auf seine Wahrnehmung derselben aus. Er sieht sich vor eine riesige Schwierigkeit gestellt: Wie soll er sich mit Leuten anfreunden, die aus der Provinz oder aus dem Ausland kommen? Der Pariser genießt den frischen Wind, der diese Menschen charakterisiert, und ihre sehr viel unbeschwertere Herangehensweise ans Leben.

Allerdings ist es ein großer Unterschied, einen netten Moment mit jemandem zu verbringen oder sich jemanden als Freund auszusuchen. Es fehlen gemeinsame Bezüge, und die seit Langem eingerostete Matrix der Freundschaft gerät sehr schnell ins Stocken. Der Pariser ist umgehend mit einer Ausrede bei der Hand, und das ist gut so. Umgang mit einem Provinzler oder einem Ausländer zu haben, ist fast so, als würde sich ein Jugendlicher regelmäßig mit einem sehr fülligen Mädchen treffen: Es ist gar nicht so einfach, offen zu dem zu stehen, was man bevorzugt.

Praktischer Hinweis:

Wenn Sie als Nicht-Pariser die Pariser kritisieren, nimmt man Ihre Äußerungen abschätzig auf. Wie borniert! Nur Pariser dürfen Pariser kritisieren. Nur Pariser wissen, worauf es ankommt.

Sagen Sie es auf Pariserisch:

»Und dann sind die Leute in Paris immer so unnahbar, also wirklich, ganz schrecklich.«

Robert Doisneau

Der Pariser liebt die Schönheit von Paris. Sie erfüllt ihn geradezu. Er liebt es, sie in Bildern hochleben zu lassen. Bücher mit Fotos und Poster stellen zwei Möglichkeiten dar, wie er diese Liebe bei sich zu Hause ausleben kann.

Bilder von Monumenten sind verpönt, das ist nun wirklich banal (auch wenn ein paar uninspirierte Pariser die berühmte Bilderreihe bei sich hängen haben, in der die Entstehung des Eiffelturms festgehalten wurde). Die Aristide-Bruant-Welle ist ebenfalls verebbt.

Heutzutage hängt bei den Parisern, ob an einer Wand, am Kühlschrank oder auf der Toilette, ein Foto von Robert Doisneau. Seine Schnappschüsse in Schwarz-Weiß setzen Pariser – häufig Kinder oder Verliebte – in einem längst vergangenen Paris in Szene. Diese Fotos verleihen einem Raum eine melancholisch-künstlerisch-depressive Stimmung, einfach unwiderstehlich für den Pariser. Das Paris dieser Fotos ist das ewige romantische und beliebte Paris. Wie Doisneau selbst sagte: »*Auf meinen Fotos ist die Welt so, wie ich sie gerne hätte.*« Der Pariser versteht das. Auch er hätte gern eine charmante, melancholische Welt. Vor allen Dingen schwarz-weiß sollte sie sein.

Wie bei allen anderen Mainstream-Angelegenheiten in Paris findet auch hier eine unausgesprochene gesellschaftliche Einteilung statt. Die Wahl des aufgehängten Fotos ist ein sicheres Indiz, um eine gesellschaftliche Einordnung vorzunehmen. Ganz unten in der Hierarchie befindet sich natürlich sein bekanntestes Foto: *Le Baiser de l'Hôtel de Ville – Kuss vor dem Rathaus*. Alle jungen Pariser Mädchen besitzen einen Druck dieses Fotos. Hängt es bei einem Erwachsenen, dann gibt er damit ganz eindeutig zu verstehen, dass er im Teenager-Stadium hängen geblieben oder aber dass ihm das genaue Schema nicht bekannt ist, nach dem die gesellschaftlichen Codes festgelegt werden. Beide Hypothesen führen zu Lächerlichkeit und einem sofortigen gesellschaftlichen Absturz.

Die Wahl des Fotos von Doisneau hilft den Freunden des Parisers, sich eine genauere Vorstellung von ihrem Gastgeber zu machen. Seelen auf Wanderschaft lieben *Les Pains de Picasso*. Freidenker halten sich an *Les Frères, rue du Docteur Lecène*, lächelnde Medizinstudenten an *Le Regard oblique* und Nostalgiker an *L'Information scolaire, école rue Buffon*. Ein Foto von Doisneau in einem Pariser Appartment ist, genau wie ein Facebook-Status, eine unmissverständliche Aussage über die eigene Identität.

Doisneaus Arbeit spricht insbesondere die Pariserin an. Der Pariser findet sich gern damit ab. Sollte es über die Wahl des Fotos zu einem Streit kommen, trifft das Paar eine weise Entscheidung und gönnt sich *ein schönes Buch mit Fotos von Doisneau*. Das Buch liegt auf dem Couchtisch und kommt bei den Gästen sehr gut an, die es sich auf dem Sofa bequem machen, die Seiten andächtig umblättern und nur ab und zu verlauten lassen: *»Das hier mag ich* *total gerne, es ist wunderschön.«* Und der Pariser fragt: »*Welches? Zeig mal.«* Der Gast zeigt es. Und so macht die Kunst Fortschritte.

Paris bleibt noch lange Welthauptstadt der Kultur.

Praktischer Hinweis:

Beeindrucken Sie Ihre Freunde, indem Sie auch noch einen anderen Fotografen als Doisneau kennen.

Sagen Sie es auf Pariserisch:

»Ich liiiebe Doisneau.«

Chinesen

In Paris ist es nicht angemessen, Rassist zu sein. Es wird aber durchaus akzeptiert, über die Chinesen herzuziehen.

Dementsprechend geniert sich der Pariser überhaupt nicht, beleidigende Verallgemeinerungen über Chinesen zu verbreiten. Und da er nicht rassistisch ist, hält er sich natürlich auch nicht mit dem Aufzählen von Eigenschaften auf, die alle Chinesen gemein haben. So verkündet er zum Beispiel nicht, dass die Chinesen hinterlistig sind. Er weiß sehr wohl, dass das der Fall ist, aber er sagt es nicht – er ist ja schließlich kein Rassist.

Der Pariser analysiert den Zustand der Welt auf sehr feinsinnige Weise und zieht es im Übrigen vor, von Ökonomie und Geostrategie zu sprechen. Zwei Themen, bei denen er sich auskennt. Sobald das Wort *»Chinese«* in einer Unterhaltung auftaucht, verkündet irgendeiner sofort: *»Die kaufen gerade alles auf.«* Die anderen nicken zustimmend. Wird die Unterhaltung ernsthafter, nimmt auch der Pariser eine ernstere Haltung ein. Um seine Befürchtungen kundzutun, teilt er als gemäßigter Zeitgenosse mit, was ihn quält: *»Die fressen uns noch auf.«* Sollte der Pariser bereits in China gewesen sein, dann stößt er ein rätselhaft alarmierendes *»Ihr könnt euch das einfach nicht vorstellen«* aus.

Das Argument ist schwach. Darüber ist sich der Pariser im Klaren. Noch bis vor wenigen Jahren war die chinesische Gemeinschaft in Paris auf das 13. Arrondissement beschränkt. Vor fünfzehn Jahren hat der Pariser dann den Handel mit den Chinesen angefangen und Computer und elektronisches Zubehör bei ihnen gekauft. Das fand im 12. Arrondissement statt. Seit zehn Jahren sind die Chinesen führend auf dem Textilmarkt, und ihre Läden gedeihen im 2. und 3. Arrondissement. Das geht ja alles noch. Was der Pariser jedoch nur schwer überwindet, ist die Übernahme von Cafés und Tabakläden durch die Chinesen. *Au revoir*, ihr Leute aus der Auvergne! *Bonjour* Chinesen!

Der Pariser findet eine Unzahl von Erklärungen für eine derartige Entwicklung: *»Sie arbeiten hart«* ist die gängigste. Das stimmt. Aber dem Pariser ist durchaus klar, dass sich damit nicht alles erklären lässt. Und so herrschen zwei Theorien vor: *»Das ist die Mafia«* und *»Sie helfen einander und haben ihr eigenes Kreditsystem«*. Diese finanzielle und kommerzielle Wettbewerbsfähigkeit gestaltet die Straßen von Paris neu. Jahr um Jahr werden erst Straßen, dann ganze Viertel chinesisch: So ist zum Beispiel Belleville chinesisch geworden, genau wie der obere Teil des Marais. Das Stadtbild verändert sich: Bäckereien, Metzgereien und sogar Schreibwarengeschäfte räumen nach und nach das Feld für den entsetzlichen Großhandel, der nebenbei all das ausverkauft, was den Charme von Paris und letztendlich auch seinen Wohlstand ausmacht.

Jegliche Unterhaltung über Chinesen endet auf dieselbe Weise: *»Sie stören mich nicht, sie arbeiten viel und sind zurückhaltend.«* Der Pariser ist kein Rassist, also führt er seinen Gedankengang nicht weiter aus, der sich zweifelsohne auf weitere gesellschaftliche Gruppierungen ausdehnen würde.

Der Pariser bringt dem Chinesen großen Respekt entgegen. Doch keiner würde den Respekt so weit treiben, einen Chinesen zum Freund zu haben. Etwas Derartiges ist nicht angemessen, schließlich *»spucken sie«* und vor allem *»reden sie laut«*. Eine durch und durch Pariser Sicht der Zurückhaltung …

Praktischer Hinweis:

In Paris muss man gar nicht erst versuchen,
zwischen den verschiedenen Asiaten zu unterscheiden.
Sie sind alle Chinesen.

Sagen Sie es auf Pariserisch:

»Die sind richtig gut, die Chinesen.«

Diäten

Der Pariser ist viel zu dick, folglich hält er ständig Diät.

Genau wie die wiederkehrenden Betrachtungen zum Wetter gehört auch die Frage nach dem Gewicht zu einem der beliebtesten heuchlerischen Gesprächsthemen des Parisers – wobei er sowohl seine Beobachtungsgabe als auch genüssliche Reue, Ehrgeiz und ungestüme Vorsätze unter Beweis stellt.

Niemals wird der Pariser dem Fett die Kontrolle überlassen.

Kommentare über die Gewichtsschwankungen einer Person – auch wenn sie gerade vor dem Pariser steht – sind nichts Ungewöhnliches und werden weitgehend akzeptiert. Als sensibles Wesen erweitert der Pariser sie sogar noch um einen psychologisch angehauchten Aspekt im Stil von *»Er ist gerade nicht so in Form«*. Der Pariser geht sehr behutsam mit Worten um. So auf den anderen eingehen zu können, zeugt von einem Empathievermögen, das den Pariser ehrt. Niemals nimmt er den anderen nur als Körper wahr, er weiß, dass vor allem die inneren Werte zählen.

Nur ein einziger Ausdruck kann einem Kommentar über das Gewicht vorausgeschickt werden: *»Also ehrlich.«*, *»Also ehrlich, du hast aber ein bisschen zugelegt, oder?«* Oder im Gegenteil dazu: *»Also ehrlich, du hast aber ganz schön abgenommen.«* Man tut gut daran zu wissen, dass sich die Freude des Parisers über verlorene Kilos bei einem Freund immer etwas in Grenzen hält, insgeheim beschäftigt ihn nämlich nur der Gedanke, dass sein Gewicht nicht derselben wünschenswerten Kurve folgt.

Ein häufiger Fehler liegt darin zu glauben, nur Pariserinnen würden Diät machen. Dabei ist Paris weltweit die einzige Stadt, in der ein Mann zum Mittagessen nur einen Salat zu sich nehmen kann, ohne dass man aus dieser Beobachtung zu einer treffenden Schlussfolgerung hinsichtlich seiner sexuellen Orientierung gelangen könnte.

Eine Diät wird in Paris niemals peinlich genau eingehalten. Insbesondere von der Männerwelt. Das gesellschaftliche Leben in Paris untergräbt jegliche Möglichkeit einer strikten Diät. Und somit auch eines wirklichen Gewichtsverlusts. Die Pariserin versucht, Diäten einzuhalten, von denen eine Freundin ihr erzählt oder von denen sie in einer Zeitschrift gelesen hat. Der Pariser verzichtet auf das Dessert. Wichtig zu wissen ist noch, dass der Pariser niemals *»eine Diät macht«*: Er *»achtet momentan ein bisschen auf seine Linie«*. Das ist etwas ganz anderes.

In Paris schwelgt man in Produkten mit dem unwiderstehlichen Vermerk *»0 %«*, *»kalorienarm«* oder *»light«*. Für die Pariserin ist es ganz einfach undenkbar geworden, Joghurts zu kaufen, die nicht *»0 %«* Fett haben. Das wäre doch wirklich schön dumm.

Wohingegen die restliche Welt mehr für weniger möchte, will der Pariser weniger für mehr. Eine Diät in Paris ist der Weg zur Weisheit.

Praktischer Hinweis:

Machen Sie dem Pariser ein Kompliment über seine verlorenen Kilos. Er wird so tun, als wäre ihm das egal, aber innerlich haben Sie damit ein Feuerwerk bei ihm gezündet.

Sagen Sie es auf Pariserisch:

»Ein kleines Dessert?«
»Nein, ich achte gerade etwas auf meine Linie.«

Der PSG

In Paris besteht die höchste Form von geistiger Umnachtung darin, Fan eines Fußballklubs oder einer Mannschaft zu sein.

Der Pariser mag Sport nicht besonders. Selbst Sport zu machen ist erniedrigend, sich welchen anzusehen einfach nur erbärmlich.

Sollte ein Freund von einem Abend erzählen, an dem er sich ein »*Fußballspiel im Fernsehen*« angesehen hat, dann wird der Pariser sich verständnisvoll zeigen. Was er aber nicht versteht und auch nicht toleriert, sind begeisterte Anhänger einer bestimmten Mannschaft.

Sich einer Sache blind und inbrünstig zu verschreiben, wird in Paris voll und ganz akzeptiert, handelt es sich um soziales oder politisches Engagement. Allem anderen, dem man sich blind und inbrünstig verschreibt, muss mit der schärfstmöglichen Verachtung begegnet werden.

Man sollte aber dennoch anmerken, dass der Pariser die Fans von Marseille, Lens oder Südamerika in ihrer romantisch verklärten Betrachtungsweise charmant findet. Menschen voller Leidenschaft! Der gesellschaftliche Kontext, der ihren Alltag definiert, vermischt mit der irrationalen Verbundenheit zu ihrem Klub, verleiht ihren Träumereien und Leidenschaften etwas Rührendes. Alle anderen Fußballfans auf der Welt werden hingegen als unverbesserliche Prolls angesehen.

In Paris Fan des Fußballklubs Paris Saint-Germain zu sein, ist dementsprechend der lächerlichste Zeitvertreib überhaupt. Der Pariser weiß, dass er niemals an die Fans von Lens heranreichen wird. Er bringt es nicht einmal über sich, das vorzutäuschen. Seine Meinung über die Fans des PSG kann folglich nur noch schlechter werden. Schließlich begnügen sie sich nicht nur damit, Fans irgendeiner Sportart zu sein, nein, sie müssen unbedingt Fußballfans sein. Und sie sind auch nicht nur Fußballfans, nein, sie müssen noch dazu Anhänger des PSG sein. Für sie ist quasi jede Hoffnung verloren.

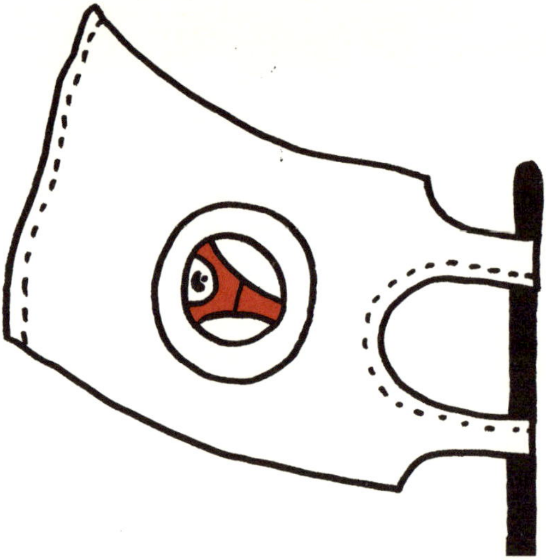

Der Anhänger des PSG stammt gewöhnlich aus den Vororten, der sich für die Dauer eines Spiels oder einer Hymne etwas pariserisch fühlen will, also als Pariser auf der richtigen Seite des *Boulevard périphérique*. Aber die Lichterstadt an der Seine gibt sich einem nicht so einfach hin: Sie weist den Fan ab, und ihre unbewussten, aber treuen Wächter verbannen ihn schonungslos.

Der Hass gegen den PSG sitzt so tief, dass man quasi in Ungnade fällt, wenn man sich nur ein Spiel im Parc des Princes ansieht; es gilt als offizielle Bestätigung eines proletenhaften Wesens. Geht man hingegen ins Stade Français, so bekundet man seine Verbundenheit mit einer gewissen Lebenskunst. Der Pariser hat Geschmack und kann zwischen Fußball und Rugby eine Grenze ziehen.

Es verschafft dem Pariser Befriedigung, den PSG zu verschmähen. Indem er das tut, lässt er alle wissen, dass er kein Proll ist. Den PSG zu verachten ist für den Pariser eine unbewusste Bestätigung seiner Überlegenheit. Im Hass erhebt sich der Pariser.

Praktischer Hinweis:

Schenken Sie nur ja niemandem in Europa ein Trikot des PSG. Er wird es nicht tragen. Außereuropäische Freunde zeigen sich über ein solches Geschenk hingegen überaus erfreut.

Sagen Sie es auf Pariserisch:

»Du weißt schon, was für eine Art Typ das ist …
ein richtiger Fan vom PSG eben!«

Schnee

Der Pariser ist erwachsen. Er hat keine Zeit herumzutrödeln oder sich mit Nebensächlichem aufzuhalten. Das Leben ist viel zu ernst.

Für gewöhnlich ist er ganz zufrieden damit, erwachsen zu sein (das Aufwachsen war in Paris nicht ganz so lustig), und nur eine einzige Sache ist dazu geeignet, den Pariser für wenige Minuten in die Kindheit zurückzuversetzen: Schnee. Der Pariser ist kein Besucher von Erlebnisparks. Aber er liebt Schnee.

In Paris schneit es nur selten: jedes zweite Jahr ein zwanzigminütiger Schneefall. Der Pariser ist aber ganz verrückt nach Schnee. Schnee ist vergänglich und hat somit den schwelgerischen Charme der Dinge, die nicht andauern. Und dem kann der Pariser einfach nicht widerstehen.

In dem Moment, in dem es zu schneien beginnt, bemerkt der Pariser (häufig der phlegmatischste): »*Oh, es schneit!*«, was er umgehend mit einem »*Schaut doch, es schneit!*« bekräftigt.

Die anderen Pariser kommen dieser Aufforderung nach: Tatsächlich, es schneit. Es folgen ein paar durchdringende oder funkelnde »*Ich liebe Schnee*« oder »*Ist das nicht superschön?*«. Tiefsinn ist eine Eigenschaft, die beim Pariser ganz hervorragend zur Geltung kommt.

Dann kommt alles in Paris zum Erliegen, die Stadt setzt den Betrieb aus. Eine poetische Minute zwischen tatsächlicher Melancholie und einfachem Glück.

Die tatsächliche Melancholie ist jedoch eine viel zu persönliche Angelegenheit, und das einfache Glück Ansichtssache, also entscheidet sich der Pariser letztlich dafür, sich zusammenzureißen. Diese Momente in der Schwebe sind nicht dazu gemacht anzudauern. Der Pariser bekommt sich wieder in den Griff. Und so fängt die Litanei der Gespräche an, in denen zum einen erläutert wird, dass der Schnee zum Schluss *»durch die ganzen Autos und die Umweltverschmutzung immer so richtig schmuddelig aussieht«*, zum anderen, dass es *»in den Vorstädten kälter ist und der Schnee da besser liegen bleibt«*.

Dieses kurze Warmlaufen der Unterhaltung, die immer mehr in Fahrt kommt, hat nur eines zum Ziel: den poetischen Moment so weit wie möglich wegzuschieben.

Sich den Gefühlen öffnen – das weiß der Pariser sehr wohl –, da kann man durchaus mal den Boden unter den Füßen verlieren.

Praktischer Hinweis:

Eine Schneeballschlacht ist nur gegen Ende des weiter oben erwähnten Moments in der Schwebe akzeptabel.
Danach wird eine Schneeballschlacht mit kindischem Verhalten gleichgesetzt.

Sagen Sie es auf Pariserisch:

»Ich bin total verrückt nach Schnee, da will ich immer gleich Skifahren gehen.«

Amerikaner

Der Pariser hat eine ganz eigene Physiologie. Eigenschaften, wie zum Beispiel eine gewisse Unfähigkeit zu lächeln, legen offensichtlich Zeugnis davon ab. Anderes wiederum ist für das ungeübte Auge nicht ersichtlich: Eine interessante Erfahrung besteht darin, den Ausdruck »die Amerikaner« in einem Satz unterzubringen, während man sich mit einem Pariser unterhält. Ganz egal in welchem Satz diese Worte vorkommen, im Gehirn des Parisers lösen sie unverzüglich eine chemische Reaktion aus. Genau in dem Moment, in dem der Pariser »die Amerikaner« hört, verliert er zwangsläufig den Faden. Eine einzige Idee ergreift von ihm Besitz – eine kleine intellektuelle Verschiebung. Diese Offenbarung ist stärker als er, er muss sie verbreiten. Er hört nichts mehr. Das Urteil wird gefällt – endgültig: »*Schon, aber die Amis sind bescheuert.*«

Alle Amerikaner sind bescheuert. Es gibt keine Ausnahme von dieser Regel. Die Tatsache, dass die USA seit mehreren Jahrzehnten das reichste, kreativste und mächtigste Land unseres Planeten sind, stellt nur einen nebensächlichen Kontrapunkt zu dieser Gewissheit dar. Genau wie die Tatsache, dass alle Pariser amerikanische Klamotten tragen, amerikanische Wörter benutzen, amerikanische Musik hören und von amerikanischen Promis schwärmen.

Die Amerikaner sind allesamt fett und bescheuert. Basta.

Der Pariser, der die USA schon bereist hat, vertritt eine gemäßigtere Meinung: Durch die Reise großmütig geworden, empfindet er die Amerikaner einfach nur als oberflächlich. Das Reisen bringt dem Pariser die besuchten Kulturen ja so unzweifelhaft näher. »*Amerikaner sind so was von oberflächlich*« ist ein Satz, der in Paris bei einer Unterhaltung über Amerika oder Amerikaner unmöglich fehlen darf. Ganz egal, welcher Schicht der Pariser angehört, jeglichen Austausch mit einer in den Staaten aufgewachsenen Person wird er unausweichlich als falsch und gehaltlos erachten.

Die spontane Herzlichkeit und der Enthusiasmus, den Amerikaner an den Tag legen, treibt die Pariser in den Wahnsinn: »*Warum lächeln sie denn? Sind die bescheuert oder was?*« Herzlichkeit, Enthusiasmus und Optimismus sind sehr amerikanische Eigenschaften. In Paris sind diese Charaktereigenschaften latente Symptome einer Form intellektuellen Verfalls, der Beweis für einen ausgeprägten Mangel an Raffinesse. Eine der Hauptsünden. Dabei ist es unwichtig zu wissen, ob diese Sicht auf irgendetwas in der Wirklichkeit fußt: Ganz offensichtlich ist das der Fall. Der Pariser weiß, dass sich für den Amerikaner einfach alles um Geld, Sport, Krieg und Religion dreht. Wie sollte er da nach etwas anderem streben?

Und genau das ist Grund genug, die ganze Verachtung über Amerika herauszuwürgen, die der Pariser angesichts der Opulenz des westlichen Lebens empfindet.

Außerdem stimmt es ja auch, dass der Pariser durch nichts an dieser Form von westlichem Leben teilnimmt.

Falls ein Gast überraschend die provokante Meinung vertritt, laut der in einem Land wie den USA logischerweise nicht alle bescheuert sein können, zieht der Pariser seinen höchsten Trumpf aus dem Ärmel: »*Na ja, mag ja sein, aber sie sind total unkultiviert, das ist doch echt übel.*« Diese Menschen entsprechen zwei gut zu identifizierenden, aber sehr unterschiedlichen Soziotypen. Zum einen sind da jene, deren Hobby hauptsächlich darin besteht, *CSI:*

Crime Scene Investigation, *Grey's Anatomy* oder *Sex and the City* anzusehen. Zum anderen jene, die Woody Allen oder Philip Roth vergöttern. Der Pariser ist ein begieriger Konsument der amerikanischen Kultur, und dennoch ist er zutiefst davon überzeugt, dass die Verbindung der beiden Wörter »Kultur« und »Amerika« einer absolut grotesken Farce gleichkommt. Ein Beweis dafür und wie der Pariser gerne anmerkt: »*Woody Allen ist kein Amerikaner, er ist New Yorker.*«

Allerdings wäre es unhöflich, dem Pariser mitzuteilen, dass man bei seinen Worten geradezu glauben könnte, in einer Countrybar im Mittleren Westen zu sein. Und trotz seiner umfassenden Kenntnisse über Amerika besteht die Möglichkeit, dass ihm dieser scharfsinnige Witz entgeht.

PRAKTISCHER HINWEIS:

Was, wenn Optimismus, Enthusiasmus und Herzlichkeit gute Eigenschaften wären?

SAGEN SIE ES AUF PARISERISCH:

»Oh my God, it's so amazing!
Ha, ha, ha!«

HOCHZEITS-REDEN

Der Pariser hat so seine Zweifel, was das Heiraten betrifft.

Sobald er zu einer Hochzeit eingeladen wird, zappelt er unbewusst herum, ganz aufgeregt, nicht aufgrund der guten Nachricht, sondern aufgrund des Schreibens, das diese überbringt. Was für ein Hochgenuss so eine Hochzeitseinladung doch ist, schließlich verkündet sie sowohl die Herkunft der zukünftigen Eheleute wie auch den gesellschaftlichen Wert, der dem neuen Heim zuerkannt werden muss. Geschrieben wird sie in unauslöschlicher Tinte: Freunde finden sie *»total klassisch«*, *»superhässlich«* oder einfach *»sagen wir mal, originell«*. Die Hochzeitseinladung kommt einer Prüfung gleich, bei der man nur durchfallen kann. Ganz unbewusst zappelt der Pariser also herum.

Die Aufregung der ersten Momente macht schnell einem gedanklich vorweggenommenen Überdruss Platz. In Paris wird dieser

Überdruss umso einfacher auf Zukünftiges projiziert, als der Gedanke in dem Moment ungebeten auftaucht und ihn mit einheitlichem Grau überzieht. Der Pariser will nicht zu dieser Hochzeit gehen. Denn schon die Vorstellung eines feierlichen Ereignisses stört ihn. Wird das feierliche Ereignis noch dazu zu einer Verpflichtung, reagiert er gar nicht mehr darauf. Mit Zähnen und Klauen wehrt er sich gegen diese Abwärtsspirale der Sinnlosigkeit, bis er dann schließlich aufgibt. Der Pariser tut dies äußerst widerstrebend, die Pariserin in einem hysterischen Stressanfall: »*Oje, oje, ich hab ja gar nichts zum Anziehen. Außerdem bin ich viel zu dick, ich muss vor der Hochzeit unbedingt noch fünf Kilo abnehmen.*«

Und dann kommt der glorreiche Tag. Jedes Mal dasselbe Entzücken. Alle chic herausgeputzt, die reizende Kirche, der leicht prollige Onkel … Der Pariser lächelt. Für ein paar Minuten ist er richtig glücklich hier zu sein. Dann lässt die einlullende Freude über die verklärte Hochzeitszeremonie immer mehr nach, und seine trägen Sinne vollführen wieder die tollsten Kapriolen. Die genüssliche Vorstellung, Individuen im Sonntagsstaat in kleine, unbequeme Schachteln zu quetschen, die dann für immer versiegelt werden, beflügelt den Pariser geradezu: »*Oh, putain, hast du den da gesehen, mit seiner Krawatte, also echt, putain, geht ja wohl gar nicht …*« Alles wird durchgehechelt: die Location, die Gäste, das Essen. Der Pariser ist mehr mit Beurteilen als mit Genießen beschäftigt. Besser kann man sich überhaupt nicht amüsieren.

Hinsichtlich des Hochzeitsbanketts sind die letzten Jahre gewissermaßen Jahre des Überbietens gewesen. Der Pariser Redeschwall übergeht das Sinnliche, er hat die Form einer neuen Konversationskunst angenommen: die der Hochzeitsreden. Nach jedem Gang folgen zwei, drei Reden. Jedes Mal werden an den Tischen dieselben Fragen getuschelt: »*Wer ist das jetzt? Ach, Freunde von der Hochschule?! Er war auf der ESSEC?! Dann sollte das doch ganz ordentlich werden.*« Es gibt nur zwei Möglichkeiten: Entweder die Gäste sind fasziniert, oder sie grämen sich. Die Höflichen schauen auf ihre Teller – die Schadenfrohen halten nach einem Gleichgesinnten Ausschau, dem sie zugrinsen können.

Die Komplexität einer Rede drückt sich häufig in ihrer visuellen Ausschmückung aus, Collagen alter Fotos, teils berührend, teils peinlich. Der unübertroffene Höhepunkt der Hochzeitsrede ist und bleibt jedoch das Lied: Cousins, Freunde, Kollegen … jede Gruppe verspürt die verwirrende Verpflichtung, ein überaus bekanntes Chanson zu Ehren des Paares umschreiben zu müssen. Während einige darunter fast genial komisch sind, dümpeln die meisten in trüben Gewässern vor sich hin, zwischen völlig Überflüssigem und Oberpeinlichem. Genau in dem Moment, in dem ein Freund zum Mikrofon greift und sagt: *»Lili, Nico, wir haben da ein kleines Lied für euch vorbereitet«*, denkt Lili zum ersten Mal an Flucht als mögliches, um nicht zu sagen wünschenswertes, in jedem Fall aber absolut vernünftiges Szenario.

Der restliche Abend ist nichts weiter als das, was man bereits kennt: Die Ältesten gehen nach der Hochzeitstorte schlafen, die Schulfreunde betrinken sich und betanzen ihre dahinwelkende Jugend, Singles trauern den Zeiten nach, als man auf Hochzeiten noch jemanden kennenlernen konnte. Und das junge Ehepaar bemerkt gar nicht, wie die Zeit verfliegt.

Am nächsten Tag sagen alle einstimmig: *»Nein, also wirklich, das war einfach super.«* Super ist ein Adjektiv, das ausreichend überschwänglich klingt, um nicht in der Gewissheit unterzugehen.

Das sind genug der Zweifel.

Praktischer Hinweis:

Was eine Rede betrifft, so ist Zurückhaltung nicht unbedingt die beste Inspirationsquelle.

Sagen Sie es auf Pariserisch:

»Unter uns, eigentlich war die Hochzeit supernett. Ich war ein bisschen genervt, weil ich da hinmusste, aber es war wirklich supercool. Abgesehen vom DJ, der war eine einzige Katastrophe, aber der Rest, also das war doch wirklich super.«

Klassische Musik

Selbst wenn die meisten Pariser bei »Vier Jahreszeiten« erst einmal an Pizza denken, »Rameau« irgendwas mit einem Sonntag zu tun hat, dessen Bedeutung ihnen gerade entfallen ist, und »Rossini« unbestreitbar eine Zubereitungsform von Tournedos darstellt, so sind die Pariser doch alle unleugbar große Anhänger von klassischer Musik.

Auf die Frage »*Was hörst du so für Musik?*« antworten die meisten Pariser: »*Ach, so ein bisschen was von allem! Den ganzen Quatsch, der im Radio läuft, französische Chansons, Brel, Brassens und dann noch so ein bisschen Klassik.*«

Präziser drückt sich der Pariser nie aus, wenn es um seine Liebe für Bach oder Liszt geht. Genau wie er diese Symphonie, derer er niemals überdrüssig wird, mit keinem Wort erwähnt. Seine öffentlichen Ergüsse über klassische Musik beschränken sich auf nüchterne, tiefsinnige Sätze wie »*Das entspannt mich*« oder »*Das tut mir gut*«. Niemals geizt der Pariser mit überschwänglichen Huldigungen.

Hat er seine Liebe zur klassischen Musik lange genug verbreitet, dann hat er sich schließlich auch selbst davon überzeugt: Er liebt klassische Musik. Die Tatsache, dass er sich genau genommen nie welche anhört, darf natürlich nicht als vernünftiger Einwand hinsichtlich dieser schönen Überzeugung vorgebracht werden.

Jeder Pariser kann sich haargenau an diese drei Minuten im vergangenen Jahr erinnern, als er mit dem Auto unterwegs war und auf der Suche nach einem guten Song im Radio bei einem Klassiksender landete. Zu sagen, dass man klassische Musik liebt, stellt also nur ein weiteres Element des brillanten Scheins dar, den der kultivierte Pariser in der Gesellschaft gerne zur Schau trägt. Auf dieselbe Weise trägt der kultivierte Pariser seinen Freunden auf, diesen oder jenen Schriftsteller »erneut zu lesen«, obwohl es ein Autor ist, von dem er nur ein einziges Buch gelesen hat, oder er behauptet steif und fest, über sehr weitreichende Kenntnisse der jüdischen Kultur zu verfügen, schließlich hatte er auf dem Gymnasium eine jüdische Freundin. Den kultivierten Pariser erkennt man daran, dass er das in gutem Glauben tut.

Bei dieser nachlässigen Maskerade kommt es manchmal zu einem ganz charmanten Moment. Hört der Pariser ein klassisches Musikstück, das er kennt, dann muss er einfach mitpfeifen. Tja, manchmal, ja, manchmal – und in Paris mehr als anderswo – ist Schweigen Gold.

Praktischer Hinweis:

Unzählige Klassikkonzerte werden
in der prächtigen Sainte-Chapelle abgehalten.
Schauen Sie doch (mal wieder) dort vorbei!

Sagen Sie es auf Pariserisch:

»Ja schon, aber du weißt doch,
Hitler hat Wagner geliebt.«

Wochenmärkte

Auch wenn er im Supermarkt einkaufen geht, so liebt der Pariser doch den Wochenmarkt.

Nur zwei Sorten von Parisern gehen zum Einkaufen auf den Markt: die Alten und die Hausfrauen.

Die Alten gehen dorthin, weil sie es schon immer so gemacht haben. All die vergangenen Jahre, die sie über ihren Markt gestreift sind. Und die verschlungenen Pfade des Schlafs, mit denen sie in fortgeschrittenem Alter zu kämpfen haben, tragen das Ihrige dazu bei. Die Alten kommen als Erste auf den Markt und haben somit die beste Auswahl. Zwischen acht und neun Uhr ist der Markt ein ganz entzückender Ort: Da sind die älteren Damen mit ihrer drolligen Eile unterwegs. Sie führen das bisschen Naschhaftigkeit wie das allerletzte Laster spazieren, das sie noch haben, eines dieser beherrschten Laster, die zur Eleganz beitragen.

In dem Maß, in dem Tag und Nacht miteinander einig werden, verändern sich Stimmung und Kundschaft auf dem Markt. Man trifft seltener auf ältere Damen. Hausfrauen tauchen auf, top ausgerüstet. Sie schieben und ziehen, Kinderwagen, Einkaufswagen und Buggys … die Hausfrau ist organisiert: Alles ist durchgetaktet.

Für die anderen Pariser ist der Markt unter der Woche ein beruhigendes Spektakel, dieses kleine bisschen Beständigkeit auf dem

Weg zur Arbeit. Doch alles ändert sich, sobald das Wochenende da ist. Manche Pariser haben das Glück, dass samstag- oder sonntagmorgens ein Markt in ihrer Nähe stattfindet. Die schlichte Vorstellung eines verzauberten Paris. Unaufdringliche Perfektion.

Mit schmunzelndem Auge genießt der Pariser seinen Markt, seine Farben, seine Geräusche und typischen Gerüche. Alles dort zeugt von zeitloser Einfachheit. Der Markt am Wochenende ist eine regelrechte Verjüngungskur. Eine Verlangsamung des hektischen Rhythmus der Stadt. Der Pariser spürt, dass er sich etwas Gutes tut, sich einen Moment wieder mit den Vergnügungen und den einfachen Leuten verbindet, von denen ihn sein Alltag fernhält: Der Markt am Wochenende ist Entspannung – zwischen Lauch und Karotten.

Unter den Aficionados gibt es welche, die sich auf dem Markt mehr holen als nur Nahrungsmittel. Sie gehen auch für den Vibe dorthin. Natürlich kaufen sie die ein oder andere Kleinigkeit ein, aber der Markt ist für sie eine Bühne, eine inspirierte Auszeit, eine inspirierende Auszeit. Als Coolster unter den Coolen muss dieser Pariser dem Passanten zeigen, dass der Markt ein Ereignis ist, das weder zur Gewohnheit noch zum Notwendigen gehört. *»Ich bin zwar hier – aber ich komme eigentlich von woanders.«* Der sofortige Unterschied zeigt sich ganz einfach im Kleidungsstil. In Paris muss man ausgefallene Kleidung nicht in Diskotheken suchen, sondern vielmehr auf dem Markt. Der coole Pariser zeigt sich auf dem Markt so nachlässig gekleidet, wie es sein Selbstwertgefühl und seine Garderobe nur zulassen. Gern wäre der Pariser ein bisschen mehr New Yorker. Eine Sonnenbrille ist für ihn ein unverzichtbares Accessoire, um auf den Markt zu gehen, ein Zeichen der rauschenden letzten Nacht. Er ist hier Tourist – macht mal eben einen Abstecher in das Leben der normalen Leute.

Ob er nun wegen der Radieschen oder wegen des Ambientes hier ist, der Pariser liebt seinen Markt, diese gut durchorganisierte Darbietung verschafft ihm einen Moment beruhigender Behaglichkeit. Ein flüchtiger, aber vertrauter Moment, voller Menschen und Früchte, Lachen und Farben, und damit stellt der Markt die letzte Pariser Rast dar. Eine Rast voller Bewegung und Geräusche. Eine Rast, die sich der Ruhe widersetzt. Auf dem Markt spielt die verfliegende Zeit keine große Rolle für die Pariser. Sie spazieren herum, betasten, beschnüffeln. Und gehen so ein paar Minuten lang das Risiko ein, köstliche Momente zu genießen.

Praktischer Hinweis:

Gute Produkte sind schnell weg.
Gute Preise bekommt man erst spät.

Sagen Sie es auf Pariserisch:

»Also dieses Wochenende war einfach klasse:
Am Samstagmorgen sind Baptiste und ich auf den Markt,
dann haben wir den ganzen Nachmittag über gekocht …
Du weißt doch, wir hatten unsere südafrikanischen Freunde
zum Abendessen eingeladen …«

MÄSSIGUNG

Wären gute Eigenschaften Krankheiten, dann wäre Mäßigung die Pariser Pest.

In Paris gibt es keinen Londoner Style, keine Dekadenz wie in Las Vegas, keine Körper von Cariocatänzerinnen … Schaudernd zieht der Pariser schlussendlich den Komfort seines grauen Kokons vor. Jede Form von Exzess ist vulgär. In diese unbekannten Gebiete wagt sich der Pariser nicht vor. Er versucht es nicht einmal. Wozu würde es nützen, wo man es doch bereits kennt? Der Pariser geht niemals aufs Ganze. Niemals bestellt er diese zweite Flasche. Wie unanständig. Es befriedigt ihn mehr, die Dinge zu beobachten, als an ihnen teilzuhaben. Geliebte Distanz. Distanz ist die beste Freundin des Parisers: Sie ist die Pufferzone zwischen ihm und seinem eigenen Leben, sein Schutzwall.

Eine Plage sucht Paris heim. Die Mäßigung, ein unscheinbarer Begleiter, ist zur Inspiration einer jeden Entscheidung geworden. Von der unbedeutendsten bis hin zur wichtigsten. Ein ganzes Leben, regiert von Angst. Nur keine Wellen machen. Sich stets anpassen.

Manche glauben, die Mäßigung sei eine Form der Wahrung eines bereits existierenden Glücks. Das gilt aber nicht in Paris – aus dem einfachen Grund, dass kein Pariser sich als glücklich bezeichnen würde. Der Pariser bewahrt, was er hat – selbst wenn ihn das nicht befriedigt. Er will niemals hoch – oder weit – hinaus. Er ist vorsichtig. Für einen Exzess müsste man sich einen Moment lang vergessen. Im Exzess liegt Großzügigkeit. Sich vergessen, um auf den anderen zu treffen.

Der Pariser vermutet nicht einmal mehr, dass eine Welt zwischen der Mäßigung und dem Exzess existiert. Eine Welt, die dem Unbekannten und Neuen den Vorrang gibt. Der Pariser ist ganz froh darüber, sich nicht auch noch damit »auseinandersetzen« zu müssen. Weiß er doch nur zu gut, dass die Welt, abgesehen von Mäßigung, nur aus Schmähungen und Leere besteht. Der Pariser ist viel zu brav. Amüsiert sich jemand so richtig, dann befindet sich diese Person für den Pariser zwangsweise im Exzess. Also sollte man es tunlichst vermeiden, sich zu amüsieren. Sich so richtig zu amüsieren, ist gefährlich. Sich nur gespielt zu amüsieren, reicht völlig aus.

Diese krankhafte Annäherung an die Realität hat nacheinander alle Bereiche des gesellschaftlichen Lebens in Paris heimgesucht. Von der Politik über die Kunst, von den Gesprächen bis hin zum

Aussehen: Mäßigung hat sich der Köpfe, der Seelen und der Garderobe bemächtigt.

Paris ist zu einer lauen Stadt geworden, bevölkert mit lauen Menschen.

Praktischer Hinweis:

Widersetzen Sie sich.

Sagen Sie es auf Pariserisch:

»Okay, ich geh dann mal heim,
ich bin zurzeit ziemlich kaputt.
War nett, das sollten wir demnächst
wieder mal machen …«

Sterne

In Paris wurden Horizonte und Perspektiven vom Menschen gezeichnet. Das Unendliche hört am Ende der Straße auf. Schaut man nach oben zum Himmel, entdeckt man ein graues Band. Genau wie wenn man nach unten schaut. Erst wenn der Pariser den Blick nach innen richtet, bietet sich ihm die Möglichkeit, das Unendliche zu erblicken.

Eines der größten Vergnügen, die so manche Provinz dem Pariser bietet, ist die unmittelbare Pracht, mit der sich die Natur dort präsentiert. Eingezwängt in der städtischen Vorhölle, lebt der Pariser ganz bequem in seinem Meer aus Beton. Verlässt er die Stadt, öffnen sich neue Fenster für ihn, zeigt sich ihm ein neuer Zauber. Der Zauber des Großartigen … Der Pariser fühlt sich nur selten klein, eingezwängt zwischen der Bewunderung und der Angst. Sterne haben diese Wirkung auf ihn.

Nur Weniges liebt der Pariser mehr als einen sternenübersäten Himmel.

Verlässt er das Haus nach einem Abendessen im Herbst oder steigt er nach einer langen Fahrt aus dem Auto, ist der Pariser ganz überrumpelt von der herablassenden Schönheit der Nacht. Er ist sprachlos, entzückt und erfüllt von diesem Bild, das ihn übersteigt. Endlich übersteigt ihn einmal etwas.

Sterne mögen keine Konkurrenz. In der Stadt der Lichter ziehen sie es vor, sich bedeckt zu halten. Also bekommt der Pariser sie nur selten zu sehen. Angesichts der Sterne erfasst ihn dasselbe Gefühl, das er auch beim Anblick eines stürmischen Meeres oder eines majestätischen Berges empfindet: eines dieser mächtigen Gefühle, das den Menschen ergreift, der weit weg von zu Hause ist. Dieses Innehalten, wo das Großartige den Unbedeutenden besänftigt. Eine unermessliche Einladung zu etwas zutiefst Vertrautem.

Die Sterne bestätigen die verschüttete Intuition des Parisers: Das Leben hat mehr zu bieten als das Mittelmaß und die Hässlichkeit, die ihn umgeben. Diesem Unbekannten fühlt er sich nahe.

Und er lächelt.

Praktischer Hinweis:

Lassen Sie den Großen Bären in Ruhe.

Sagen Sie es auf Pariserisch:

»Wow … hast du die Sterne gesehen?!«

Das Wort »*Sympa*«

In Amerika kommt man mit nur zehn Adjektiven ganz gut zurecht. In Paris hingegen reicht ein einziges: *sympa*.

Ursprünglich war dieses Wort eine charmante Abkürzung für *sympathique* – sympathisch: Zunächst wurde eine umgängliche Person als *sympa* bezeichnet. Dann war plötzlich alles *sympa*: Leute, Orte, Momente, Unternehmungen ... Der Begriff ist so wunderbar nichtssagend und in Paris völlig gebräuchlich geworden. Die meisten Dinge können nicht nur *sympa* sein, sie sind es, oh Wunder, auch fast alle geworden. Folglich gibt es in Paris auf die Frage »*Wie war's denn?*« nur eine mögliche Antwort: »*Sympa!*«

Mit seinem exzessiven Gebrauch hat der Pariser diesem Wort jegliche Substanz entzogen. Heutzutage lässt sich allein an der Betonung feststellen, was es tatsächlich bedeutet. Um zu durchschauen, was der Pariser wirklich von einer Sache oder Person denkt, muss man also aufmerksam zuhören, wie das »sympa« hervorgebracht wird. Erst dann dringt man zum tieferen Sinn vor.

Die Verwendung des Wörtchens »sympa« ist in Paris deshalb so häufig geworden, weil in ihm Zusätze mitschwingen, in denen der Pariser gerne badet: Die ihm innewohnende Vertrautheit lässt den Pariser cool und relaxt wirken. Außerdem ist es ein wunderbarer Puffer für jeglichen Enthusiasmus. »Sympa« ist positiv, aber lange nicht so stark wie »exzellent«, »genial«, »außergewöhnlich«, »großartig« oder »fantastisch«. Etwas ist einfach nur *sympa*. Bezeichnet der Pariser etwas oder jemanden als *sympa*, dann erkennt er ihm damit einen Pluspunkt zu. Aber nur einen.

Etwas Mäßigung bitte ...

Sympa verweist auf ein Objekt und nicht auf die Person, die das

Wort ausspricht. Das Objekt hat keinen Bestand. Der Pariser zeigt sich erstaunlich passiv, wenn er etwas als *sympa* bezeichnet. Diese zurückgenommene Haltung ist einer der Hauptgründe für den Erfolg des Wortes. Ich urteile, ohne zu urteilen. Ganz egal, was ich sage, es ist nicht meine Schuld. Der Pariser gefällt sich in diesem lauen Gefühl gesellschaftlicher Unschuld. Abenddämmerung der Extravaganzen.

In dem Maße, wie seine Reichweite zugenommen hat, hat sich sein Einfluss verringert und damit Aussagen wie »echt sympa« oder »super sympa« in den Rang der geläufigen Ausdrücke des gesellschaftlichen Lebens in Paris erhoben. Bei der Pariser Jugend ist das Wort *sympa* so allgegenwärtig, dass es auffällt, wenn es ohne »echt«, »super«, »wirklich« oder »total« verwendet wird. Sagt Ihnen ein junger Pariser, irgendwo sei es *sympa*, dann ist er nicht gerade davon begeistert. Und obwohl sie nur positive Wörter benutzen, gelingt es der Pariser Jugend, die Realität abzuwerten.

Sympa, diese jungen Leute!

Praktischer Hinweis:

Um gesellschaftlich eine höhere Stufe zu erreichen, sollten Sie das Adjektiv großartig verwenden.

Sagen Sie es auf Pariserisch:

»Es war *sympa*, aber ich bin früh heim, ich war kaputt.«

Fussgänger

Vielleicht wirkt der Verkehr in Paris chaotisch und durcheinander, wie ein lärmendes Labyrinth aus Metall und Grau. Dem ist aber gar nicht so. Der Verkehr ist hier tatsächlich eine sehr harmonische Sache; und die Pariser fühlen sich in ihm ganz zu Hause. Die hier vorherrschenden Verkehrsregeln folgen hauptsächlich einem stillschweigenden Einvernehmen. Sie bestimmen nicht nur das vorschriftsmäßige Verhalten sowohl auf der Straße als auch hinsichtlich der anderen Verkehrsteilnehmer. Sie legen auch den annehmbaren Beleidigungsgrad fest und stellen einen klaren Rahmen für das Zusammenspiel zwischen Autofahrern und Fußgängern dar.

In Paris gehört der Gehsteig (hauptsächlich) den Fußgängern und die Straße (hauptsächlich) den Autofahrern. Motorroller, Fahrräder und andere rollende Fortbewegungsmittel haben es sich zur Gewohnheit gemacht, je nach Stau das Terrain zu wechseln. Das wird zwar allgemein akzeptiert – allerdings muss der Slalomfahrer mit Rollen dann das Fluchen der Nörgler in Kauf nehmen.

Der Pariser weiß aus Erfahrung, dass ein Auto nicht für einen Fußgänger stehen bleibt, das gilt insbesondere an einem Zebrastreifen. Bleibt ein Auto also fälschlicherweise an einem solchen stehen, wird zurecht gehupt, und umgehend vermutet man, sein Fahrer käme aus der Provinz oder er wäre senil. Dem Pariser Fußgänger ist durchaus bewusst, dass er auf den Fußgängerüberwegen nicht gern gesehen ist, daher überquert er die Straßen auf recht unorthodoxe Weise. Es ist ganz logisch für ihn, die Straße zu überqueren, wann und wo er es für geeignet hält. Das ist die diesbezüglich vorherrschende Regel.

Abgesehen von den Alten, die sich nicht dazu entscheiden können, die vorgesehenen Stellen zum Überqueren der Straße zu verlassen, besteht der Rest dieser breit gefächerten Menge an den Ampeln aus Vorstädtern, Provinzlern und Touristen. Diese zusammenhanglose und fragwürdige gesellschaftliche Gruppe bestärkt den Pariser Autofahrer in seiner Überzeugung, dass es doch wirklich äußerst merkwürdig wäre, hier anzuhalten und ihr den Vorrang einzuräumen.

Der Pariser Fußgänger hingegen weiß von klein auf, dass er sich mit den Autofahrern in einem erbitterten Kampf um die Vormacht auf der Straße befindet. Der Pariser ist ein gut geschultes urbanes Wesen.

Auf der Fahrbahn ist er furchtlos und zeigt dies für wenige Momente, wenn er die Straße wie ein Latino mit fast schon rüpelhafter Autorität überquert, wobei ihn beunruhigte Touristen leicht nervös beobachten.

Die Autorität, die in diesem Fall ohne Bezug auf die Straßenverkehrsordnung und ohne ein Mindestmaß an Höflichkeit auskommt, ist allerdings für den Pariser durchaus störend. Dem ganzen Vorgang fehlt es an Schönheit. Um dem Überqueren einer Straße erneut einen Zauber zu verleihen, vollführt er hier wagemutig einen unbewussten und eleganten Tanz, dessen Schritte sich im Vertrauen zum anderen ausdrücken: »*Ich beherrsche dich, aber ich vertraue dir auch.*« In diesem großen städtischen Stierkampf wünscht sich der Fußgänger geradezu schnell und ungestüm vorbeifahrende Autos: Sein Geschick besteht dabei darin, die Straße zu überqueren, ohne etwas an seiner Geschwindigkeit zu ändern und mit einem einfachen Kreisen des Beckens den stromlinienförmigen Formen des Autos gerade so auszuweichen. In dieser leidenschaftlichen Sinnlichkeit verspürt der Pariser den Schauder der Kontrolle. Kontrolle über die Stadt und ihre Regeln. Er ist hier zu Hause. Selbst bei dem harmlosesten Unterfangen – der Überquerung einer Straße – bleibt der Pariser, halb Tänzer, halb Matador, seiner Identität treu – immer in der Schwebe, aber immer vertrauensvoll, und lädt die anderen dazu ein, ihn zu beobachten, von ihm zu lernen und ihn zu bewundern.

Praktischer Hinweis:

Bleiben Sie nicht an einer Ampel stehen.
Es gibt immer eine andere Lösung.

Sagen Sie es auf Pariserisch:

»Komm, lass uns mal schnell rübergehen …«

New York

Die Frage »Wo würden Sie gerne leben?« lässt in Paris nur eine Antwort zu: New York. In New York zu leben ist der Traum jedes Parisers.

Was Kultur betrifft, so glaubt der Pariser gern, er wäre auf dem neuesten Stand. Wie bei jedem anderen kulturinteressierten Wesen ist seine Wahrnehmung eines Ortes oder eines Volks geprägt von den Meisterwerken, die sie beschreiben. Im Fall von New York nährt sich seine Fantasie von *Kevin – Allein in New York, Friends, e-m@il für Dich, Sex and the City* und *Der Teufel trägt Prada*. Der Pariser will Teil dieser New Yorker Realität sein und die eigenen Freunde im *Central Perk* treffen.

Und so reisen viele Pariser eines Tages dorthin. Für die meisten öffnet sich dann die Büchse der Pandora: New York ist ebenso lebendig wie Paris verschlafen; ebenso jung wie Paris alt; ebenso schnell wie Paris langsam. Seit jeher liebt der Pariser den Charme von Paris, aber mit einem Mal ist er ganz hypnotisiert vom New Yorker Sex-Appeal. Paris ist die Ehefrau des Parisers, New York seine Geliebte.

Und so kann der Pariser gar nicht anders, als der Welt in einem unbezwinglichen Bedürfnis seine Liebe zu New York mitzuteilen.

Der junge Pariser tut dies, indem er Klamotten mit dem Kürzel NY trägt. Das T-Shirt I Love New York ist folglich ein Muss. Salonfähig getragen kann es sowohl als Gipfel des Schicks als auch der Coolness fungieren. Der gestylte Pariser zieht das T-Shirt NYPD vor. Kleidungsstücke mit dem Kürzel FDNY, der New Yorker Berufsfeuerwehr, sind hingegen einzig der Pariser Schwulenszene vorbehalten.

Nichts ist angesagter, als New Yorker Freunde zu haben. Zu diesem kulturellen Gipfel zu gelangen, verleiht dem Pariser einen unwiderrufbaren Einfluss auf seine Freunde, die sich nicht so glücklich schätzen können. Tatsächlich ist es unmöglich, dass ein New Yorker etwas anderes als »supercool« ist. Der bewanderte Pariser wird seinen französischen Freunden auch unausweichlich jede Menge Ratschläge geben, welche Viertel und Bars sie in New York besuchen müssen. Für gewöhnlich verwendet er hier mit zufriedenem Lächeln den Begriff *»ein bisschen underground«*.

Spricht er von New York, wird der Pariser sehr auf seine Wortwahl achten. Sein mit Abstand liebstes Wort wird »Energie« sein, das er beständig wiederholt. »Jung«, »super« und »Spirit« werden ebenfalls mit Vergnügen verwendet. Alle weisen auf unleugbare und tief greifende Kenntnisse des gesellschaftlichen New Yorker Kodex hin. So ist nämlich der Pariser: sich der gesellschaftlichen Normen bewusst und dabei immer über alle Klischees erhaben.

Die Vorliebe der Generation von jungen Parisern für New York bleibt für das Pariser Leben nicht ohne Folgen. Paris wird jeden Tag mehr wie New York. Coolness verdrängt das Authentische, der Wert des Neuen übersteigt den des Alten, der Ochsenmaulsalat wird vom Caesar Salad vertrieben.

Ganz langsam wird Paris immer provinzieller.

Praktischer Hinweis:

Sagen Sie niemals, dass Sie Paris New York vorziehen, sonst gelten Sie als alt und langweilig.

Sagen Sie es auf Pariserisch:

»New York ist einfach klasse, da gibt es diese Energie …«

AUSSTELLUNGEN

Ausstellungen gehören zum Pariser Leben. Es gibt viele davon, und sie finden andauernd statt. Moderne Kunst, Fotografie, Retrospektiven … die Liste ist lang.

Die Mehrzahl der Pariser ist über die wichtigen aktuellen Ausstellungen auf dem Laufenden. Es wäre allerdings naiv anzunehmen, das Ziel bestünde darin, die eine oder andere Ausstellung tatsächlich zu besuchen oder sich zu bilden. Der Pariser informiert sich über die momentan wichtigsten Ausstellungen vor allem deshalb, um anderen mitzuteilen, dass er über die momentan wichtigsten Ausstellungen auf dem Laufenden ist.

Sobald er dieses Wissen geschickt und unauffällig verbreitet hat, wird man ihn als unglaublich kultiviert ansehen. Und da der Pariser den kultivierten Menschen verehrt, ist das eine gut durchdachte Strategie, um sich zu positionieren.

Man muss verstehen, dass die sicherste Form, gesellschaftlich als kultiviert zu gelten, nicht etwa darin besteht, kultiviert zu sein, sondern kultiviert zu erscheinen. Es ist unnötig, tatsächlich etwas zu wissen: Es reicht völlig, den Anschein zu erwecken, man wüsste etwas. Kultur besteht in Paris vor allen Dingen aus Täuschung.

Man könnte nun meinen, es wäre sehr aufwendig, sich auf dem Laufenden zu halten. Aber dem ist gar nicht so. Die Metro und die Straßen hängen voller Plakate, und in den Medien wird über die bedeutendste Ausstellung für gewöhnlich breit berichtet. Der Pariser muss einfach nur die Augen offen halten, schon verfügt er über ausreichend Gesprächsstoff, um eine Unterhaltung hinsichtlich der Ausstellung, die man *»absolut gesehen haben muss«*, zu bestreiten.

Das bestmögliche Ergebnis wird dann erzielt, wenn der Pariser, abgesehen vom Künstler, auch noch den Ort der Ausstellung nennen kann: *»Ansonsten gibt es auch noch die Munch-Ausstellung in der Pinacothèque.«* Das ist die höchste Form von Kultur in Paris.

Es gibt nur sechs Kategorien von Menschen, die sich tatsächlich die Ausstellungen in Paris ansehen: Provinzler, ausländische Studenten, Lehrer, ausländische Touristen, Rentner und Frauen von Zugezogenen. Kein anderer Pariser hat im Lauf seines Lebens mehr als fünf Ausstellungen gesehen.

Dabei würde der Pariser die gerade laufende und ganz angesagte Ausstellung *»wirklich total gern sehen«*. Normalerweise weil er *»gehört hat, dass sie echt super sein soll«*, aber leider hat er *»momentan wirklich gar keine Zeit«*. Nur für den Fall fragt er aber trotzdem: *»Bis wann geht die Ausstellung denn?«*

Je mehr der externe Beobachter das kulturelle Leben in Paris entdeckt, umso mehr drängt sich ihm der Eindruck auf: *Name-dropping?* Weit gefehlt! Hier handelt es sich um »art dropping«. Indem der Pariser diese kleinen künstlerischen Seifenblasen aufsteigen lässt, verleiht er der Stadt einen ganz eigenen Schimmer. Beobachter haben dieses Konzept noch nicht ganz verstanden, aber machen wir uns hier nichts vor, »art dropping« ist zu einer eigenständigen Kunstform geworden.

Indem er also die Kunst vernachlässigt, bringt der Pariser sie überhaupt erst hervor.

Praktischer Hinweis:

Wenn Sie sich tatsächlich eine Ausstellung angesehen haben, so gebietet es die Höflichkeit, dies nur jemandem aus einer der oben genannten Kategorien mitzuteilen.

Sagen Sie es auf Pariserisch:

»Gerade läuft eine super Ausstellung von Avedon im Jeu de Paume.«

Der *Moelleux au Chocolat*

Der Pariser ist grundsätzlich schuldig. Die Schuld ist sein treuester Wegbegleiter, eine alte Freundin, die er gerne unterhält, sehr unbewusst, zum Teil sogar pervers, aber das nicht auf sexuelle, sondern auf schokoladige Gelüste bezogen. Der hauptsächliche Bestandteil des Walzers, den er so gerne mit ihr tanzt, ist der *Moelleux au Chocolat*. Der *Moelleux au Chocolat* ist ein reines Vergnügen, ein Orkan aus Schokolade, Butter und Sünde.

Von diesem dunklen Dessert ist der Pariser besessen, es ist ein riesiges Ventil für die angehäuften Frustrationen, ein tiefes Loch, in das man mit geschlossenen Augen hineinspringen muss.

Der *Moelleux* ist süß, heiß und flüssig. Er ist ein Orgasmus, der die Pariser Abendessen krönt.

Der Pariser geniert sich immer leicht, wenn er den *Moelleux* wählt, also fügt er seiner Bestellung rasch noch ein »Das Leben ist kurz« oder ein »Na ja, ein bisschen Vergnügen muss sein« hinzu. Worte, die der Pariser Mann ganz bestimmt mit Freude häufiger hören würde.

Im Garten Eden gab es den Apfel. In Paris den *Moelleux*. Ein verbotenes Vergnügen teilt man gerne, und der Pariser Kellner bringt in der Regel ebenso viele Löffel, wie Leute am Tisch sitzen. Ein Aufblitzen des Mitgefühls, legendäre Unterkühltheit, die unter der Last der Schuld dessen bricht, der in einem vor ihm stehenden *Moelleux* versinkt. Er braucht Hilfe. Er braucht jemanden, der mit ihm löffelt. Außerdem mischt dann auch noch der Koch mit, verziert den *Moelleux* mit einer Kugel Vanilleeis. Die Arglosesten sehen darin den Triumph des Kontrasts: heiß und kalt, schwarz und weiß, die hier zusammen die unerhörte Verbrüderung verführerischer Texturen feiern. Dem ist aber gar nicht so. Das Vanilleeis ist nur Linderung. Eine Möglichkeit, einen gebeutelten Menschen zu unterstützen.

Der *Moelleux au Chocolat* ist ein sehr genauer Gefühlsindikator. Verspeist ein Freund einen *Moelleux*, muss sich der Pariser zuvorkommend und aufmerksam zeigen. Schließlich gibt er sich diesem Vergnügen nicht aus einer Lust, sondern aus einer Notwendigkeit heraus hin. Der *Moelleux* ist die französische Antwort auf den amerikanischen *hug*. Ein leidender Mensch muss seinen Körper einen Moment lang gehen lassen. Doch indem er die Schuld vergrößert, verschlimmert der *Moelleux* den Schmerz nur. Es ist also angebracht, vor, während und nach dem Verzehren eines *Moelleux* nett zu sein.

Die Pariserin verspeist den *Moelleux* mit derselben gequälten Genusssucht, mit der sie sich nicht an Männern vergreift. Der aufmerksame Pariser Beobachter kann so ganz einfach den Ausgang eines amourösen Rendezvous vorhersehen. Wählt die Pariserin den

Moelleux, wird ihn bei jedem Löffel das Klirren der sexuellen Frustration erstarren lassen. Die Pariserin kann ihre Schuld nicht zwei Mal am selben Abend stillen. Wenn sie beständig Diät hält, gibt es keinen Grund, weshalb es um ihr Schuldgefühl anders bestellt sein sollte.

Seitdem die Pariser Restaurants den *Moelleux au Chocolat* auf die Karte gesetzt haben, hat sich leider herausgestellt, dass die sexuelle Aktivität des Parisers kollabiert ist.

Praktischer Hinweis:

Ein Restaurant, auf dessen Karte kein *Moelleux* steht, ist entweder völlig *gestrig* oder aber sehr avantgardistisch.

Sagen Sie es auf Pariserisch:

»Teilen wir uns noch einen kleinen *Moelleux*?!«

Die Prolls

In der landläufigen französischen Meinung trinkt der *beauf* – der Proll Bier, trägt ein Unterhemd und sieht sich Fußballspiele an. In Paris ist die Definition von Proll etwas breiter gefächert.

Folglich ist für den Pariser jeder, den er nicht kennt, ein Proll. Als Wesen voller Raffinesse fallen ihm aber zwei sehr verschiedenartige Unterkategorien auf: *les beaufs et les gros beaufs* – die Prolls und die Oberprolls.

Der Oberproll ist natürlich auch ein Proll. Es gibt schließlich Prolls, die auch die Provinzler als Proll bezeichnen würden. Vom hohen Pariser Rang aus gesehen scheint es allerdings nur normal, auch noch das Präfix »ober« und den Haufen an Hässlichkeiten, der damit einhergeht, anzuhängen. Der Oberproll hat schon seit Langem die Grenzen des Erträglichen überschritten.

Manche denken jetzt vielleicht, es wäre besser, ein Proll zu sein als ein Oberproll. Weit gefehlt. Während dem Oberproll das Konzept des Prolligen fremd ist, gilt das nicht für den Proll. Besser noch, für gewöhnlich hält er sich für gar keinen. Der Oberproll kann für den Pariser unterhaltsam sein, so wie der Narr für den König. Dem Proll begegnet man jedoch mit kalter Verachtung.

Hauptsächlich deswegen, und dieser Grund ist bei Weitem ausreichend, weil eines seiner ganz offensichtlichen Merkmale einfach nicht mit dem guten Pariser Geschmack vereinbar ist. Es gibt Dinge, über die kann der Pariser einfach nicht hinwegsehen.

Jemanden als Proll bezeichnen zu können, ist für den Pariser ein Fest. So muss er sich schon nicht die Mühe machen, etwas zu analysieren, das ihn dazu führen könnte, sich oder die anderen infrage zu stellen. Ein Urteil über einen Proll kann umgehend gefällt werden. Manche Prolls, das stimmt tatsächlich, geben sich wirklich überhaupt keine Mühe, doch es bringt dem Pariser nur wenig Befriedigung oder gesellschaftliche Anerkennung ein, mit dem Finger auf sie zu zeigen: »*Putain, weiße Socken … Was für ein Proll!*« Viel zu einfach.

Ein gewisser sozialer Aufstieg wird einem zugestanden, wenn man sich über die typischen Gewohnheiten der gesellschaftlich höheren oder – besser noch – wohlhabenden Klassen lustig macht: »*Er ist übers Wochenende in Deauville? Was für ein Proll!*«, »*Tatsächlich? Er fährt einen Hummer? Pff, was für ein Oberproll!*« Indem er seine Zuhörerschaft mit einem ebenso scharfen wie unerwarteten »Proll« überrascht, kann der Pariser nachhaltig punkten: »*Ehrlich? Er war mit seinem Neffen im Disneyland? Was für ein Proll!*« Ziel dieses perfiden Vorgehens ist es, den leisen Hauch eines Zweifels zu wecken: »*Scheiße, ich finde das ja auch ganz nett, bin ich jetzt etwa auch ein Proll?!*«

Die Pariser Weisheit lehrt einen, dass man immer ein Proll für irgendwen ist. Der Pariser kann jedoch nicht hinnehmen, dass sich der Geist des Prollseins an seine Fersen heftet. Wird er von einem seiner Buddys aufgrund einer Aussage, eines Kleidungsstücks oder einer Einstellung versehentlich als Proll bezeichnet, dann reagiert er herablassend. Entweder greift er auf Selbstironie oder im Gegensatz dazu auf Hip-Sein zurück, und mit diesem deutlichen In-die-Schranken-Weisen wäscht er sich von diesem Affront rein, um ihn geschickt über den ursprünglichen Beleidiger zu vergießen.

Einer der Genüsse des Pariser Lebens steckt in den unzähligen Verwendungsmöglichkeiten der Bezeichnung Proll oder prollig, die sich nicht nur auf die menschliche Spezies bezieht, sondern auch auf: Urlaubsorte, Unternehmungen, Kleidungsstücke, Musik, Bücher, Deko … Das Reich des Prolligen kennt keine Grenzen: eine stufenlose Skala, die es dem Pariser in jeder Situation erlaubt, sich gut zu fühlen.

Praktischer Hinweis:

Amüsieren Sie Ihre Freunde bei einer Kostümparty, indem Sie als Proll verkleidet dort auftauchen.

Sagen Sie es auf Pariserisch:

»Diese Amis, ehrlich, die reinsten Oberprolls …«

Leierkästen

Alle Pariser sind in Wohnungen groß geworden, die einem Kind nur wenig Raum und Vergnügungen bieten. Ohne Garten. Und folglich auch ohne tägliche Beobachtung der faszinierenden Phänomene von Mutter Natur. Für das Pariser Kind gibt es nur die gelegentliche Beobachtung der faszinierenden Phänomene, die Mutter Paris zu bieten hat. Dazu gehört der Leierkasten. Jeder Pariser erinnert sich an den Moment, als ihm als Kind zum ersten Mal der rhythmische und fröhliche Klang eines Leierkastens zu Ohren kam. Musik? Auf der Straße? Aufregung erfüllt sein kleines Pariser Herz. Es rennt zum Fenster. Je näher die Musik kommt, desto besser kann es über das Geländer hinweg erkennen, woher sie stammt. Von einem Leierkasten. Mit Rädern. Der kleine Pariser dreht sich zu seiner Mutter um. Die steckt ihm lächelnd eine Münze zu. Wenn der Herr mit seinem Leierkasten näher kommt, kann der kleine Pariser seine Münze nach unten werfen. Sie fällt auf den grauen Gehsteig. Es gibt kein authentischeres und fröhlicheres Dankeschön. Der Leierkasten fährt nur selten durch die Straße des kleinen Parisers. Umso kostbarer ist dieses Ereignis. Dieses musikalische Geschenk ist eine wahre Wonne.

Als Erwachsener hat der kleine Pariser seine Erinnerungen tief in sich vergraben. Der Pariser ist kein Kind mehr, aber jedes Mal, wenn auf der Straße ein Leierkasten ertönt, berührt ihn das einfach, er kann nicht anders. Er ist bezaubert. In ihm steigen sanft süße Erinnerungen auf. Er wird von vertrauten Noten verführt. Natürlich bleibt er nicht stehen, um sich einen Moment lang das altmodische Spektakel anzusehen, das ihm bewusst macht, wie die Zeit verflogen ist. Von etwas berührt zu sein, ist eine Sache. Es zu zeigen eine ganz andere. Ein hypnotischer Blick auf die vergehende Zeit. Nur selten genießt der Pariser den Anblick der vergehenden Zeit. Also geht er seines Weges.

Die Zeit der Geldstücke liegt lange zurück.

Praktischer Hinweis:

Beeindrucken Sie Ihre Pariser Freunde mit dem Wissen, dass das Substantiv orgue – Orgel, genau wie amour – Liebe oder délice – Genuss, im Französischen im Singular männlich ist und im Plural weiblich wird.

Sagen Sie es auf Pariserisch,

wenn Sie vor einem Leierkasten stehen:

»...«

Das *San Pé*

Pariser waren schon immer gut darin, sich eine Freude zu bereiten. Daran hat sich bis heute nichts geändert. Pariser bereiten sich gern eine Freude.

Sie trinken kohlensäurehaltiges Wasser.

Wenn der Pariser sein Mineralwasser bestellt, spürt er, wie ein Schauer der Vorfreude seinen Körper durchzuckt und sich in seinem Mund der Geschmack der Rebellion breitmacht. Seine leichtfertige Provokation bringt der Welt etwas Verrücktheit.

Die Welt der Mineralwässer in Paris ist sprunghaft. Die 80er Jahre waren Wegbereiter, und Perrier beherrschte den Markt ganz allein. Die 90er Jahre krönten Badoit. Das alles waren nur die Anfänge des unvermeidlichen Aufstiegs der Königin aller Mineralwässer: des San Pé.

Im Grunde seines Herzens ist der Pariser zart besaitet, voller Liebe. Er würde sein Lieblingsmineralwasser niemals »San Pellegrino« nennen. Eine spießbürgerliche (italienische) und gedankenlose Bezeichnung. In Paris ist »San Pellegrino« zu »San Pé« geworden, die flüssige Version eines besseren Freundes. Der Pariser Mann liebt es, insbesondere seine Bestellung im Restaurant mit größter

Bestimmtheit vorzutragen: »*Zwei Steaks, blutig bitte, und eine Flasche San Pé.*« Das San Pé, lakonisch und blubbernd, passt ihm ganz hervorragend.

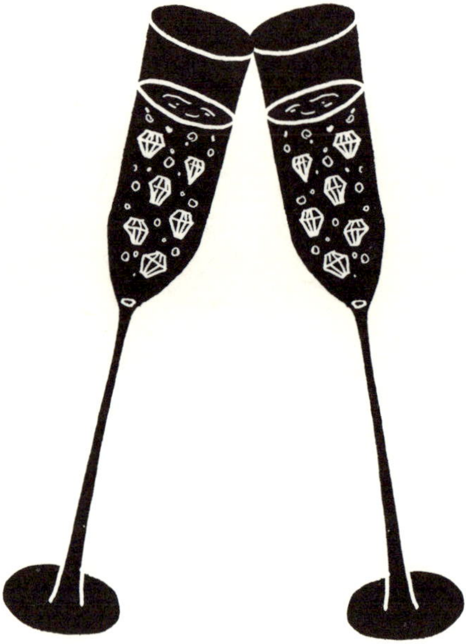

Der Pariser kann dem Ruf der kostbaren Blasen des San Pé nicht widerstehen. Leicht retro, leicht modern und andeutungsweise gesund, damit erfüllt das San Pé ganz wunderbar das Streben des Parisers nach sanfter und zärtlicher Authentizität. Sicher, das San Pé stillt den Durst des Parisers, es kitzelt seine Zunge und verzaubert seine Umgebung. Doch es macht noch mehr als nur das, es erlaubt ihm, sich für wenig Geld gesellschaftlich etwas abzuheben, und nebenbei schmeichelt es gleich noch zwei Dingen, die der Pariser gerne hegt und pflegt: seinem Gaumen und seinem Ego.

Indem er das San Pé der Karaffe mit Wasser vorzieht, wird er von den anderen Parisern als Gewinner wahrgenommen. Dafür gibt es drei Gründe: Er hat Geschmack, Geld und Sinn fürs Vergnügen.

In Paris ist man sich einig, wird bei einem Geschäftsessen kein San Pé bestellt, kommt das einem Geständnis über das eigene Loserdasein gleich. Das sollte man besser vermeiden.

Prost!

Praktischer Hinweis:

Wenn Sie noch dazu wissen, dass San Pellegrino zu Nestlé gehört, dann können Sie damit in Gesellschaft auftrumpfen.

Sagen Sie es auf Pariserisch:

»Ein Hühnchensalat und ein San Pé.«

Der Akzent des Südens

Für den Pariser bildet Frankreichs Süden eine geschlossene Einheit. Es ist einfach nur »der Süden«.

Auch wenn die Leute aus Toulouse, Nizza oder Montpellier aus drei sehr unterschiedlichen Regionen stammen, kommen sie für den Pariser doch einfach nur »aus dem Süden«. Folglich haben sie, und das ist völlig normal, den Akzent des Südens.

Ausnahmslos alle Pariser lieben den Akzent des Südens, der dem Französischen ein freudiges Flair verleiht; im Gegensatz zum Elsässer, dem bretonischen oder dem Schweizer Akzent, über die er sich gerne lustig macht. Jeder, der mit einem Akzent des Südens spricht, gewinnt sofort wertvolle Pluspunkte auf der Herzlichkeitsskala, denn wie sagt der Pariser so gerne? »*Die Leute aus dem Süden sind supernett.*«

Sobald er den Akzent des Südens hört, fühlt sich der Pariser in Urlaubsstimmung versetzt. Er zeigt sich dementsprechend dankbar und bemüht sich im Gegenzug darum, herzlich zu sein. Allerdings klappt das nur bedingt, und der Südländer lässt den Pariser für gewöhnlich mit seinen linkischen Freundlichkeitsbekundungen stehen. Der Pariser tut sich schwer, mit Leuten aus dem Süden Freundschaft zu schließen. Ehrlich.

Schnell wird der Akzent zu einer gesellschaftlichen Hürde, die der Pariser – zu seinem größten Bedauern, schließlich ist er doch ein herausragender Künstler, was das Hürden aufstellen und aus dem Weg räumen betrifft – anscheinend nicht bezwingen kann. Im Gegenteil, er stößt sich an ihr. Zu wissen, dass jemand mit einem Akzent des Südens immer für sympathischer erachtet werden wird als er, ist frustrierend. Die Rache lässt nicht lange auf sich warten.

Man muss sich über den Akzent des Südens lustig machen. Und so verwendet der Pariser ihn systematisch, um einen Schwachkopf oder Idioten zu imitieren. Wird der Pariser eines Tages von einem Polizisten zurechtgewiesen und erzählt diese Geschichte später seinen Freunden, dann wird er unweigerlich alle Bemerkungen des Gendarmen in seinem allerschönsten nachgeahmten Akzent des Südens wiedergeben. Hier soll deutlich gemacht werden, dass der Polizist ein richtiger Trottel war. Nimm das, du Depp aus dem Süden!

Die darin bestehende Strategie, einen sympathischen Menschen allein aufgrund seiner Sprechweise in einen dummen Menschen zu verwandeln, bereitet dem Pariser ein herrliches Vergnügen. Es ist nicht nur ein Entzücken für seine Ohren, der Akzent des Südens ist auch ein Hochgenuss für sein Ego. *»Chérie, was hältst du von einem netten kleinen Wochenende im Süden …?«*

PRAKTISCHER HINWEIS:

Setzt der Pariser an das Ende eines Wortes ein G (loing – loin – entfernt, cong – con – bescheuert), dann versucht er, den Akzent des Südens zu imitieren.

SAGEN SIE ES AUF PARISERISCH:

»Ach, du hast ja einen Akzent aus dem Süden …
das ist ja super!«

Verlan

Der Pariser ist sehr besorgt darum, seine Überlegenheit nicht zu demonstrativ zur Schau zu stellen. Er weiß, dass er mehr wert ist als die anderen. Dennoch will er sie mit seiner Überlegenheit nicht erdrücken.

Außerdem sucht er beständig nach Kniffen, wie er die Größe seines Ansehens in den Augen der anderen verringern, seine Perfektion mit einem Hauch von Mittelmäßigkeit überziehen kann. Es gibt zahlreiche Beispiele für dieses Vorgehen, eines der auffälligsten ist jedoch das Verwenden von Verlan.

Als Sprache der Vorstädte hat Verlan den Jugendlichen eine Zeit lang erlaubt, von anderen nicht verstanden zu werden, egal ob von einem Polizisten oder einem gut situierten Bürger. Die Regeln für das Bilden eines Wortes in Verlan sind recht einfach. Nehmen Sie ein französisches Wort (voiture – Auto) und drehen Sie einfach die Silben um (turevoi). Sollte das daraus resultierende Wort die Unverschämtheit besitzen, auf einem betonten Vokal zu enden, dann lassen Sie diesen unter den Tisch fallen (photo -> topho -> toph).

Diese letzte Maßnahme scheint sich allerdings dem Scharfsinn des Parisers zu widersetzen.

Zu glauben, die Vorstadtbevölkerung bestünde in seinen Augen aus einer einheitlichen Masse, wäre eine schändliche Vereinfachung. In Wahrheit besteht sie nämlich aus zwei verschiedenen Gruppierungen: zum einen aus den Pendlern – weiß, Mittelklasse –, zum anderen aus der *Racaille*, den Typen aus den Gettos – Schwarze oder Araber und für gewöhnlich der Arbeiterschicht zugehörig. Der Pariser versucht nie, die Pendler zu imitieren. Im Gegenzug wird er aber durchaus versuchen, ein paar typische Allüren der Gettotypen nachzuahmen. Und mit Verlan fängt er an.

Manche Verlan-Wörter werden heute von Parisern unter vierzig ganz gängig verwendet. Diese Vertrautheit lässt die Herkunft dieser Begriffe aus dem Verlan ganz vergessen. Dementsprechend klingen Begriffe wie *teuf* (fête – Feier), *keuf* (flic – Bulle), *vénère* (énervé – genervt), *ouf* (fou – verrückt) oder *pécho* (choper – jemanden kriegen/abschleppen) im Ohr des Parisers nicht mehr nach Verlan. Das, womit sich der Mensch auf der Straße noch vor fünfzehn Jahren abheben konnte, ist inzwischen leicht verstaubt. Vom einfachen Volk ist der Pariser somit zum Verlansprachler geworden. Dieses zusätzliche bisschen Seele, ein wunderbarer Schatz mit Getto-Flair, gibt es zu einer Bedingung: dem Beherrschen des Verlan.

Hat man es erlernt, sollte es jedoch nur dosiert zum Einsatz kommen. In Paris muss Verlan immer sparsam verwendet werden. Es wird nur als charmante Spielerei in einem gewissen Rahmen geschätzt, den man noch als angenehm bürgerlich empfindet. Verlan verschafft einem nur dann einen gesellschaftlichen Vorteil, wenn derjenige, der es verwendet, korrekt gekleidet ist und darüber hinaus eine intelligente Unterhaltung in korrektem Französisch mit sauberer Aussprache führen kann. Erfüllt er diese Bedingungen, dann wird er heimlich von den anderen Parisern verehrt, die bewundernd feststellen, wie erfolgreich er sich in jedes Milieu einfügt, wie er mit Leichtigkeit durch das Gewirr der gesellschaftlichen Feinheiten navigiert, und das, obwohl er nicht zweifelhafter Herkunft ist. Insgeheim träumt der Pariser davon, einen Freund aus dem Getto zu haben.

In einem fast rührenden Akt der Nachahmung täuscht der Pariser häufig eine gettohafte Seite vor, er kann es nicht lassen, bemüht sich aber stets um Zurückhaltung. Das Getto, das ist ihm sehr bewusst, öffnet einem so manche Türen. Je seltener er Verlan-Ausdrücke verwendet, umso unentzifferbarer ist seine soziale Herkunft. *Reup* (père – Vater) bringt einen Punkt auf der Getto-Skala ein, *oit* (toi – du) zwei, *as* (ça – das) drei, *screud* (discret – diskret) vier etc. Es ist sehr wichtig, diese Worte zu benutzen, ohne den Anschein zu erwecken, damit glänzen zu wollen. Der falsche Gebrauch, genau wie der Gebrauch von veralteten Verlan-Ausdrücken (*port nawak* (n'importe quoi – völliger Mist), *laisse béton* (laisse tomber – vergiss es) verrät umgehend eine viel zu spießige Herkunft. Den Pariser kann man nicht täuschen. Er ist nicht *teubé* (bête – dumm).

Praktischer Hinweis:

Aus dem Mund einer Frau klingt Verlan
nicht gerade schön.

Sagen Sie es auf Pariserisch:

»Putain, j'suis trop vénère,
il est grave teubé ce mec.«
»Putain, ich bin total genervt,
der Typ ist doch echt ein Volldepp.«

Le Monde

Der Pariser nimmt sich vor den Medien in Acht. Obwohl ihm das gar nicht bewusst ist, hat er ihnen gegenüber eine heftige Abhängigkeit entwickelt. Aber er vertraut ihnen nicht ganz. Mit einer Ausnahme: *Le Monde*. *Le Monde* ist für den Pariser die einzige vertrauenswürdige Informationsquelle auf der ganzen Welt.

Kein anderes Land ist in der Lage, dieselbe geistige Unabhängigkeit und analytische Unerbittlichkeit zu erreichen, die die französische Presse ihren Lesern bietet. Wie der Pariser weiß, gibt es im Ausland nur vier Informationskanäle: CNN, Al Jazeera, Fox News und englische Boulevardblätter. Keinem davon kann man trauen. Doch leider müssen sich die Leute im Ausland damit begnügen. Die Vorstellung, dass Frankreich auf der ganzen Welt das einzige Land ist, in dem es richtige Zeitungen gibt, bereitet dem Pariser eine gewisse Befriedigung, selbst wenn ihm durchaus bewusst ist, dass nur wenig gehaltvolle darunter sind. »Libération, *die sind total links*«; »Le Figaro, *der ist ja so was von rechts*«; »L'Équipe, *geht so, aber ich bin schließlich auch kein Proll*«. Der Pariser will in der Presse, die er liest, keine parteiischen Meinungen sehen. Er will, dass sie neutral ist.

Nur wenige Pariser lesen *Le Monde* tatsächlich. Dennoch sind sich alle einig: »Le Monde *ist eine gute Zeitung*« und auch *»eine* *ernst zu nehmende Zeitung*«. Der Pariser hat dieses Talent: eine Meinung zu etwas zu haben, das er nicht kennt. Beeindruckend.

Pariser, die *Le Monde* lesen, werden schnell als »Intellektuelle« abgestempelt. In bestimmten Kreisen ist diese Bezeichnung, als wäre jemand geadelt worden. Manche Pariser, die sich gern zu diesen Adelskreisen zählen würden, kaufen *Le Monde* und tragen sie nachlässig zusammengefaltet unter dem Arm mit sich herum. Sie gehen mit ihrem Exemplar von *Le Monde* spazieren wie andere mit ihrem Pudel. In einer solchen Situation wird der Pariser verdrießlich verkünden: *»Wirklich bescheuert, nie habe ich genug Zeit, um sie zu lesen.«* Man sollte anmerken, dass diejenigen mit einem Abo zu denen gehören, die *Le Monde* am wenigsten lesen. Ziel ist es auch gar nicht, sie zu lesen, sondern sie bei jedem neuen Zusammentreffen als wunderbares Abzeichen vorzuweisen: *»Ich hab* Le Monde *abonniert …«* Was für eine Überlegenheitsbekundung.

Praktischer Hinweis:

Sie würden gern für einen Pariser gehalten werden?
Nichts leichter als das. Kaufen Sie *Le Monde*, klemmen Sie sie unter den Arm und gehen Sie los. Setzen Sie sich dann in ein Café, zücken Sie Ihr Handy und telefonieren Sie ein bisschen.

Sagen Sie es auf Pariserisch:

»Also ich lese nur *Le Monde*, die anderen Zeitungen, das geht nicht, ganz ehrlich.«

DER DREITAGEBART

Der Pariser rasiert sich nicht täglich; er trägt einen Dreitagebart.

Ein schöner Dreitagebart katapultiert einen auf der Sex-Appeal-Skala ganz nach oben. Eine gekonnte Mischung aus Indiana Jones in Kambodscha und George Clooney an einem Sonntagnachmittag – der unrasierte Mann wird unwiderstehlich. Und das liebt er.

Die Pariserin liebt wiederum ihren schlecht rasierten Mann. Sie fühlt sich wie eine richtige Frau angesichts dieses kratzigen Ausdrucks von Abenteurer, der sich endlich ihrer besseren Hälfte bemächtigt. Seine animalische Seite, das, was ihm noch vom echten Mann bleibt. Der Dreitagebart ist die richtige Dosis Abenteuer für den Pariser: zivilisiert, passend zum Typ, kontrollierbar. Ein kurzer Einblick ins Abenteuer ohne seinen störenden Geruch; das Leben als Möglichkeit reicht völlig aus.

Der Dreitagebart ist eine Möglichkeit der gesellschaftlichen Selbstbehauptung. Wer sich damit zeigt, ist weder ein Bauerntölpel noch ein Firmensklave. Der Dreitagebart steht also für die Freiheit. Je mehr er an einem stilvollen Ort oder in entsprechender Gesellschaft getragen wird, umso kraftvoller und selbstverständlicher wirkt er. Die Grenze zu einer dilettantischen Rasur wird so jeden Tag ein bisschen mehr hinausgeschoben.

Und egal wie sehr er seinen Bart liebt, es ist dem Pariser sehr wichtig, dem Freundeskreis zu verkünden, dass er sich dringend mal wieder rasieren muss. In Paris ist das Rasieren eine Form der gesellschaftlichen Unterdrückung, genau wie es eine Notwendigkeit ist. Der Pariser rasiert sich, ehe er seine Eltern besucht, es sei denn, er möchte seine Freiheit und seinen Status unterstreichen. Pariser Mütter mögen diese Bärte nicht, die ihren Söhnen einen nachlässigen Look verleihen.

Experten auf diesem Gebiet ziehen den Langhaarschneider dem Rasierer vor. Regelmäßig verwendet, erlaubt er es, beständig einen Dreitagebart zu tragen. Mit unbestreitbarem ästhetischen Geschick macht der Pariser das Unmögliche möglich: Er hält die Zeit an, und drei Tage werden zu einer Ewigkeit.

Sein Tag hat noch gar nicht begonnen.

Es ist ganz normal, dass er sich Neider schafft.

Praktischer Hinweis:

Ein Dreitagebart kombiniert mit eleganter Kleidung ist der Schlüssel zum Erfolg in Paris.

Sagen Sie es auf Pariserisch:

»Also echt, ich muss mich dringend mal wieder rasieren …«

Betrunken Auto fahren

Der Pariser steht über den anderen. Er steht auch über dem Gesetz.

Folglich übertritt er es großzügig jeden Tag. Tatsächlich ist das Gesetz häufig bescheuert und außerdem unbequem.

In Bezug auf die Einhaltung von Gesetzen erachtet der Pariser es für wichtig, dass sich die große Mehrheit daran hält. Ganz offensichtlich zählt er sich selbst nur selten zu dieser »großen Mehrheit«. So kann er ganz nach Belieben die Regeln auswählen, denen er Folge leisten will. Eine der nervigsten stellt nach wie vor das Fahrverbot nach Alkoholkonsum dar. Die meiste Zeit ignoriert er es also. Aus dem einfachen Grund, dass der Pariser, wenn es ums Fahren geht, niemals betrunken ist. »*Nein, alles okay, ich kann fahren, kein Problem … Ehrlich, kein Problem!*«

Es gibt zahlreiche und allesamt ausgezeichnete Ausreden: Taxen sind teuer, und nachts findet man unmöglich welche, die Metro fährt nicht lange genug, der Nachtbus ist unheimlich, und Laufen macht müde … Also kein Grund, nicht betrunken zu fahren, noch dazu, wo doch stadtbekannt ist, dass Fahren in Paris nicht besonders gefährlich ist. Da fährt man ganz langsam, und es gibt zahlreiche rote Ampeln. Folglich gibt es kein Risiko. Vor allem deshalb nicht, weil der Pariser weiß, wo die Polizei ihre Kontrollen durchführt. Ist man erst einmal auf diesem Kenntnisstand angelangt, wird die Regel, die einem Fahren in nüchternem Zustand auferlegt, tatsächlich völlig bescheuert und ganz ehrlich unbequem. Es ist also vollkommen normal, sich darüber hinwegzusetzen.

Manche besitzen nach einem vergnüglichen Abend trotzdem nicht die Dreistigkeit, mit dem Auto oder Motorroller nach Hause zu fahren. Das sind die braven Pariser. Sie ziehen es vor, mit dem Fahrrad heimzufahren. Mit dem eigenen oder, noch praktischer, mit einem Vélib', einem Fahrrad vom Pariser Verleihsystem. Betrunken mit dem Fahrrad heimzufahren ist tatsächlich sehr viel weniger gefährlich. Der Pariser ist gewitzt.

Es kursieren viele Gerüchte, laut denen »Freunden von Freunden« der Führerschein abgenommen wurde, weil sie betrunken mit dem Rad nach Hause gefahren sind. Aber der Pariser glaubt keine Gerüchte. Er trinkt ein Glas auf ihre Gesundheit!

Praktischer Hinweis:

Angesichts des Taximangels sollten Sie die nächtlichen Stoßzeiten von 22.30 Uhr bis 2 Uhr besser vermeiden.

Sagen Sie es auf Pariserisch:

»Ich bin total nüchtern, ehrlich ...«

Die Originalversion

In Paris ziemt es sich, ausländische Filme in der OV, der Originalversion, anzusehen. Nur Prolls wählen die VF, die französische Version.

Sich einen Film in der OV anzusehen, erlaubt es einem, sehr deutlich zu zeigen, wie perfekt man das Englische beherrscht. Ob diese Fähigkeit tatsächlich vorhanden oder nur erträumt ist, ist unwichtig. Die OV zu bevorzugen kommt einer gesellschaftlich anerkannten Zweisprachigkeit gleich.

Abgesehen von seinem Sprachtalent, das er seinen vielen Reisen verdankt, ist der Pariser auch ein kultivierter Mensch. Er toleriert es nicht, dass die Arbeit eines Schauspielers von irgendeiner Synchronisation übertüncht wird. Der Pariser will dem Werk so nahe wie möglich sein. Dieses Argument ist bei asiatischen Filmen jedoch nicht gültig.

Es gibt keine bessere Möglichkeit, um das Selbstvertrauen eines Parisers aufzubauen, als ihm vorzuschlagen, einen Film in französischer Fassung anzusehen. Das wird er kategorisch ablehnen und sich mit einem *»Das ertrage ich nicht«* rechtfertigen. Das tiefe Meer der Ignoranz und der Missachtung öffnet sich unter den Füßen seines Gesprächspartners, der leicht beschämt, aber mit einer gestärkten Freundschaft aus dieser Erfahrung hervorgeht.

Die Liebe des Parisers für die OV übersteigt inzwischen den Rahmen der dunklen Kinosäle. Es ist in Paris nämlich auch völlig inakzeptabel geworden, sich einfach entspannt eine amerikanische Serie auf Französisch anzusehen. Ein paar Pioniere haben diese Bewegung vor über zehn Jahren eingeläutet, als *Friends* in Frankreich herauskam: »*Ich ertrage Ross' Stimme auf Französisch nicht.*« Die Gewohnheit hat sich des Parisers unter vierzig bemächtigt, für den es zu einem Ding völliger Unmöglichkeit geworden ist, sich im Fernsehen eine Serie auf Französisch anzusehen. Er muss sich die DVD beschaffen. Das ist Pflicht.

Der intellektuelle Anspruch hat seinen Preis.

The Parisian is ready to pay for it.

Praktischer Hinweis:

Integrieren Sie sich in Paris, indem Sie bevorzugt den amerikanischen Titel eines Films verwenden. Der französische Titel, das versteht der Pariser nur zu gut, ist Ihnen gerade entfallen.

Sagen Sie es auf Pariserisch:

»Weißt du, inzwischen muss ich die Filme einfach in der Originalversion anschauen: Die französische Version geht einfach gar nicht mehr.«

Belgier

Pariser sind allesamt beschlagene Anthropologen. Andere Völker und Länder kennen sie in- und auswendig. Wie es sonst nur Experten gelingt, können sie ihr Wissen über Menschen anderswo in einem einzigen Adjektiv zusammenfassen, endgültig und unumstößlich.

So sind die Amerikaner bescheuert, die Portugiesen behaart, die Vietnamesen chinesisch und die Belgier *sympa*. *»Echt sympa, die Belgier!«* Es gibt nichts Besseres, um die Stimmung eines Parisers zu heben, als das Wort »belgisch« zu verwenden. Umgehend erfüllt ihn eine Flut von freundlich-fröhlichen Gedanken.

So wird der Pariser in eine Welt der Akzente, der Miesmuscheln mit Pommes und der lachenden Menschen versetzt. Höchstwahrscheinlich äußert der Pariser zu diesem Zeitpunkt einen kleinen, bescheuerten Satz mit sehr schlechtem belgischen Akzent. Beenden wird er seinen Satz mit einem typisch belgischen *»une fois«*, fast so als würde man jeden Satz mit einem »oder wie?« beenden. *»Sag, du bist manchmal schon ein bisschen bescheuert, oder wie?«* Das höchste Glück für den Pariser.

Nie macht der Pariser Witze über Belgier. Das wäre zu riskant für sein Image. Doch er liebt die Belgier umso mehr, als er von ihnen durch ein kleines Polster der Überlegenheit getrennt ist, das Jahrzehnte belgischer Geschichten direkt an der Grenze zwischen Frankreich und Belgien haben anwachsen lassen.

Für gewöhnlich verachtet der Pariser den, der trinkt, im Fall der Belgier ändert sich diese Wahrnehmung aber: *»Du willst schon ein Bier, oder wie?«* Ihr Hang zum Trinken (um den es hier gar nicht geht) ist, wenn schon nicht rührend, so doch typisch und, alles in allem, recht amüsant. Die Tatsache, ein Belgier könnte nicht fröhlich oder – noch schlimmer – traurig sein, ist eine Vorstellung, die der Pariser nicht akzeptieren kann. Belgier sind fröhlich, für gewöhnlich betrunken und haben einen amüsanten Akzent. Punkt.

Der Pariser verbringt gern Zeit mit Belgiern, er muss dabei aber maßhalten. Mit Belgiern zu verkehren setzt den Pariser nämlich tatsächlich der Gefahr aus, an geistiger Leichtigkeit zu gewinnen. Ein beachtliches gesellschaftliches Risiko, das er nicht eingehen will.

Zwei Dinge überschatten diese ungetrübte Beziehung ein wenig: das erste – die Hälfte der Belgier sind Holländer (und *»Holländer sind supernervig«*) – und das zweite – diese Angewohnheit, die Belgier haben, *savoir – wissen* anstelle von *pouvoir – können* zu verwenden: *»Tu saurais me passer le sel, s'il te plaît?«* – *»Wüsstest du mir bitte das Salz reichen?«* Andere belgische Ausdrucksweisen amüsieren den Pariser. Aber bei dieser sträubt sich alles in ihm. Umso mehr, als der Belgier es anscheinend ablehnt, sich zu korrigieren, selbst wenn er von einem Pariser darauf hingewiesen wurde. Sind Belgier etwa respektlos? Der Pariser betrachtet sie lieber als Kinder – »große Kinder«. (Respektlosigkeit ist eine Wesensart, die dem Pariser völlig fremd ist.)

Gern redet der Pariser mit Belgiern über Politik. Dabei hat der Pariser keine Ahnung von belgischer Politik, abgesehen davon, dass das Land kurz davorsteht sich zu teilen. Das weiß der Pariser. Das Einzige, was den Pariser diesbezüglich interessiert, ist folgende Frage: Wann wird Belgien französisch? Daraufhin erwähnt der Belgier die Bretagne oder Korsika. Der Pariser verzieht das Gesicht und kontert, indem er von den Kindesmissbrauchskandalen oder von Johnny Hallyday anfängt.

Trotz bester Absichten gelingt es dem Pariser so, eine ungetrübte Beziehung in einen Hahnenkampf ausarten zu lassen. Hätte der Pariser sich doch nur an seine ursprüngliche Maxime »Amüsier mich, Belgier« gehalten, dann wäre es nicht so weit gekommen. In der Tat, gute Absichten und Pariser sind einfach nicht miteinander vereinbar. *Oder wie?*

Praktischer Hinweis:

Lesen Sie die Comics »Le Chat« von Philippe Geluck – belgisch, witzig, nett und talentiert.

Sagen Sie es auf Pariserisch:

»Im Urlaub haben wir Belgier kennengelernt, super *sympa* … sie total witzig, *sympa*, er der totale Blödel und ebenfalls sehr *sympa*. Aber was die bechern!«

Die netten kleinen Wochenenden

Nach einer gewissen Zeit hat jeder Pariser genug von Paris. Er muss mal raus. Also verlässt er die Stadt regelmäßig für ein paar Tage. Diese kleinen Ausflüge haben einen Namen: les »p'tits weekends« – die »netten kleinen Wochenenden«.

Das Wochenende besteht aus Samstag und Sonntag. Es spielt sich in Paris ab. Das nette kleine Wochenende umfasst unweigerlich diese beiden Tage, zu denen gegebenenfalls und um das Maß vollzumachen noch ein oder zwei zusätzliche Wochentage gehören. Es spielt sich zwangsweise außerhalb von Paris ab.

Zielort und Häufigkeit der netten kleinen Wochenenden variieren je nach Pariser.

In seiner Wahrnehmung ist das nette kleine Wochenende absolut kein Luxus. Für ihn ist es eine Notwendigkeit, »eine Frage des Gleichgewichts«. Das nette kleine Wochenende ist eine Tür, um für kurze Zeit der Beklemmung der viel zu großen und viel zu lauten Stadt zu entkommen. Diese Stadt, in der er sich zu verlieren scheint: »*Ich kann nicht mehr, ich muss unbedingt mal raus, lass uns irgendwo ein nettes kleines Wochenende machen, ja?*«

Das nette kleine Wochenende kann sich vor der Kulisse des Ferienhauses des Parisers in der Normandie, der Bretagne, im Burgund oder im Süden abspielen. Da es jedoch ausschließlich um etwas Cooles, Entspanntes geht, wäre es in jedem Fall ratsam, die Zeitspannen zu vermeiden, zu denen andere Familienmitglieder besagtes Haus in Beschlag nehmen: *»Meine Eltern sind irgendwo bei einer Cousine meiner Mutter, also können wir uns ein nettes kleines Wochenende in der Sologne machen, wenn du willst.«*

Abgesehen vom flüchtigen Wohlbefinden, das es bereitet, bietet das nette kleine Wochenende zwei unbezahlbare Vorteile: Man kann darüber sprechen, solange es noch aktuell ist; und später kann man dann darin schwelgen. Das ist die geheime Absicht, die der Pariser damit verfolgt. Für ihn ist das nette kleine Wochenende eine verkappte Angeberei. Es ist ungenierter Luxus, ein krasser Tapetenwechsel. Als weises Wesen sucht der Pariser häufig in anderen europäischen Hauptstädten nach seinem krassen Tapetenwechsel.

Tatsächlich existiert eine stillschweigende Hierarchie der europäischen Hauptstädte. Diese auf Coolness basierende Hierarchie krönen Barcelona, Berlin und London. Von diesen Ausflügen kann berichtet und erzählt werden, man kann über Monate hinweg erneut davon anfangen und damit beständig die Überlegenheit des Parisers gegenüber seinen Gesprächspartnern stärken.

In Sachen nettes kleines Wochenende für Verliebte (die Abwandlung des romantischen kleinen Wochenendes) führen Prag, Wien und Budapest die Liste an. Für den Pariser sind die Hauptstädte von Mittel- oder Osteuropa am besten für ein nettes kleines Wochenende unter Freunden geeignet (*Wir-zischen-ab-machen-zwei-Abende-so-richtig-einen-drauf-dann-geht's-zurück-scheiß-aufs-Geld-putain-scheiß-drauf-echt-man-lebt-nur-einmal*). Den Pariserinnen flößen die Hauptstädte von Mittel- und Osteuropa Angst ein.

Ein nettes kleines Wochenende außerhalb von Europa oder zum Skifahren kommt ebenfalls infrage. Allerdings wird aufgrund der finanziellen Belastung nur in den entsprechenden Kreisen davon berichtet.

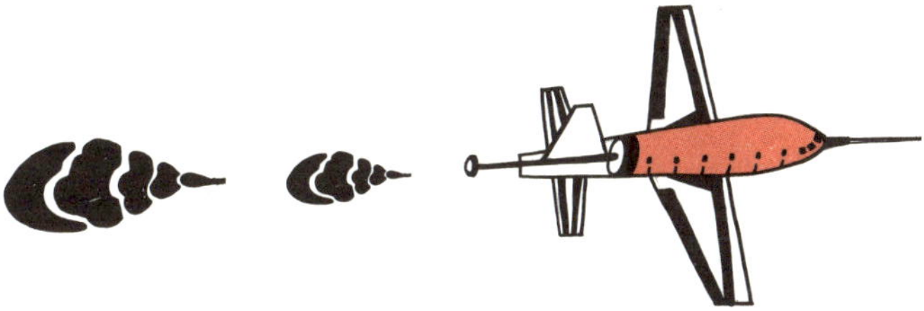

Fragt man den Pariser, wie sein nettes kleines Wochenende war, so kennt er anscheinend nur zwei Adjektive: super und hervorragend. Der Fairness halber räumt der Pariser manchmal jedoch ein, dass es ermüdend war. Egal welches Adjektiv er wählt, nur zu gerne erzählt er jedem, der es hören will, dass ihm *»das so richtig gutgetan hat, mal ein paar Tage rauszukommen«*.

Das Wohlbefinden und die Coolness sind wie eine Droge, deren Einnahme der Pariser am liebsten kontrolliert. Er genehmigt sich nur ab und an eine kleine Injektion. Hier und da, immer mal wieder zwei, drei Tage.

Praktischer Hinweis:

Wenn Sie Ihre Pariser Freunde im April, Mai oder Juni sehen wollen, dann melden Sie sich früh genug an. Das ist die Hochsaison der netten kleinen Wochenenden.

Sagen Sie es auf Pariserisch:

»Mal unter uns, Budapest, mit easyJet, das kostet fast nichts … das solltest du unbedingt machen.«

Zweifel

So manch einer könnte meinen, der Pariser lebt in Paris. Falsch. Der Pariser lebt im Zweifel.

Der Pariser zweifelt. Grundsätzlich, das ist wirklich so, an den guten Dingen. Die schlechten werden selten infrage gestellt, da weiß der Pariser ganz einfach, dass sie Teil des Lebens sind.

Der Zweifel ist das Element, das das Pariser Denken am stärksten strukturiert.

Der Zweifel ist das Infragestellen des Gegebenen: etwas in einem anderen Licht zu betrachten, nämlich in dem zurückhaltenden, aber durchdringenden Licht der Erfahrung. Das Gegebene wird ebenso infrage gestellt wie in Perspektive gesetzt. Zweifel benötigen diese Intelligenz, die durch Distanz entsteht. Zweifeln bedeutet, intelligent zu sein. Darin liegt der wichtigste Triumph des Menschen, der zweifelt.

Wenn die Grundlage des Zweifels der Triumph ist, so ist er ebenso seine Konsequenz. Er schützt den Pariser vor albernem Enthusiasmus mit seinen lärmenden Begleiterscheinungen von positiver Energie. Dementsprechend misstraut der Pariser systematisch guten Nachrichten. Er hinterfragt den Ursprung, den

Wahrheitsgehalt und die Folgen einer neuen Tatsache. Diese alte, immerwährende Analyse erlaubt es ihm, ein lustvolles Abtauchen in die Gefühle zu vermeiden. Der Triumph kann andauern.

Der Gegenstand des Zweifels ist dabei nicht unbedeutend. Der Pariser zweifelt lieber an Tatsachen oder Situationen als an Menschen. Wenn man in Paris an jemandem zweifelt, scheint das ein Zeichen für mangelndes Selbstvertrauen zu sein. Das ist nicht ratsam. Der Pariser zweifelt nur an drei unterschiedlichen Sorten von Mensch: an seinen Eltern, seinen Freunden und an der Person, die er liebt. Er ist so weise, nur an denen zu zweifeln, die er kennt.

Dank dieses beständigen Vorgehens erwartet der Pariser niemals etwas Gutes. Passiert etwas Positives in seinem Leben, dann verspürt er fast so etwas wie Frustration: Seine Zweifel haben sich nicht bestätigt. Hätten sie sich jedoch bestätigt, dann würde der Pariser den sanften Schauer des Erfolgs und der Intelligenz verspüren. Das Schlechte tut dem Pariser gut.

Praktischer Hinweis:

Der häufigste Ausdruck des Zweifels ist nonverbal.
Alles liegt im Lippenspiel.

Sagen Sie es auf Pariserisch:

»Hmmm, jaaa … ich bin da aber nicht überzeugt.
Also mich würde das ehrlich gesagt sehr wundern!«

Olivenöl

Der Pariser ist ein Mensch mit Geschmack, mit Raffinesse. Dumm gelaufen für die Butter. Da sie zu fett und zu ländlich ist, behagt sie dem Pariser nicht.

Glücklicherweise hat der Pariser vor zehn Jahren das Olivenöl entdeckt. Diese Entdeckung erlaubte es ihm, die Butter mit umfassender Missachtung zu strafen. Was für ein angenehmes Gefühl, diese Verachtung. Vor allen Dingen, wenn sie gerechtfertigt ist: In Paris ist allgemein bekannt, dass Olivenöl sehr viel besser als Butter ist. Das Öl ist nicht fett, außerdem wird ihm nichts Schädliches nachgesagt.

Die Butter zugunsten des Öls aufzugeben, ist für den Pariser ganz natürlich. Olivenöl entspricht einer Weltsicht, die ihm entgegenkommt. Landwirtschaft als kommerzielle Beschäftigung, geleistet von Fachleuten in einer regnerischen Region, ist keine angenehme Vorstellung. Zu viel Leiden, Arbeit und unangenehme Gerüche. Der Pariser zieht dieser feuchten und rüpelhaften Vision eine traumhaftere Welt vor, genährt von der Sonne der Provence und der Arbeit eines »Enthusiasten«. Olivenöl tut dem Körper des Parisers gut, ebenso seinem Geist.

Auf dem sonnigen Altar des gastronomischen Glamours kann nur eine andere Zutat mit ihm konkurrieren: der Balsamicoessig. Ein mit Olivenöl oder Balsamicoessig zubereitetes Gericht kann unmöglich schlecht sein.

Wird ein Gericht hingegen mit Butter oder Crème fraîche zubereitet, dann muss es zwangsweise fett und schwer sein. Alle anderen Essigsorten sind für *Ewiggestrige*. Wenn es schon Butter sein muss, dann zieht der Pariser »salzige« oder »leicht salzige« Butter vor. Warum? »*Weil die zig Mal besser ist.*«

Es ist unnötig, den Parisern in Erinnerung zu rufen, dass die meisten Gerichte, die ihnen im Restaurant das Wasser im Mund zusammenlaufen lassen, mit einer großzügigen Portion Butter oder Crème fraîche zubereitet werden. Entzücken ist ein seltenes Phänomen in Paris. So selten, dass man die kleine Blase nicht zum Platzen bringen sollte, die es bewahrt.

Da kann sie noch so extra vergine sein.

Praktischer Hinweis:

Der avantgardistische Gourmet zieht dem Olivenöl das Traubenkernöl vor (am besten aus der Champagne).

Sagen Sie es auf Pariserisch:

»Du weißt schon, ein kleiner Salat mit ein paar Tropfen Olivenöl, das ist total einfach und superlecker.«

Parken

Jeder Pariser ist den anderen Parisern überlegen.

Das Kriterium für das Maß dieser Überlegenheit ist superpraktisch: Es gibt keines. In Paris ist diese Überlegenheit eine Geisteshaltung. Und somit eine Lebenskunst.

Die Existenz von Unterlegenen anzuerkennen, kommt in der Hauptstadt nur selten vor. Tatsächlich ist es äußerst ungewöhnlich, die Existenz von anderen überhaupt anzuerkennen. Diese einzigartige Herangehensweise an das gesellschaftliche Leben erweist sich in vielerlei Hinsicht als praktisch. Zum Beispiel bei allen Fragen rund um das Parken.

Der Pariser parkt, egal wie. Und er freut sich darüber. Egal wie zu parken ist ein dreifacher Sieg für ihn. Die übermittelte Botschaft ist klar: Der Pariser steht über den anderen und über dem Gesetz. Dabei fühlt er sich bereits gut. Das höchste Vergnügen besteht aber darin, diese Überlegenheit am Werke zu sehen. Ich bin überlegen, dementsprechend handle ich überlegen. Was mich überüberlegen macht.

Indem er, egal wie – parkt, gewinnt der Pariser Zeit, und das Sahnehäubchen: andere verlieren seinetwegen welche. Er jubelt regelrecht, wenn er aus seinem Auto steigt, das er inmitten des Verkehrs stehen lässt. In diesem Moment wird er zum König über alle Pariser. Er knallt die Tür zu, wirft einen Blick um sich und lächelt: *»Ja, ihr rechtschaffenen Leute, ich bin euer Herr und Meister.«*

Sollte er unglücklicherweise bei seiner Rückkehr einen Strafzettel an der Windschutzscheibe vorfinden, dann wettert er entweder (als linksgerichteter Pariser) gegen den Polizeistaat oder (als rechtsgerichteter Pariser) gegen diese Stadt, die denen, die dort arbeiten müssen, nur Steine in den Weg legt. Und wer erlaubt sich denn bitte schön, dem König einen Strafzettel zu verpassen? Das ist unangebracht.

Auf frischer Tat ertappt wird der Pariser versuchen, mit der Politesse zu diskutieren: Ein Strafzettel wird nicht ohne Widerworte akzeptiert. Der Pariser ist nicht schuldig. Er ist beschäftigt.

Praktischer Hinweis:

Wenn Sie in Paris leben, dann gewinnen Sie etwas Zeit: Nehmen Sie lieber den Motorroller. Mit dem man glücklicherweise immer egal wie parken kann.

Sagen Sie es auf Pariserisch:

»Ich glaub's ja nicht, fünf Minuten in zweiter Reihe und zack, hab ich 'nen Strafzettel! Das gibt's doch echt nicht, putain!«

Boote

Irgendwo hat der Pariser eine Vorstellung von Größe und Unendlichkeit. Baudelaires Worte klingen unablässig in ihm nach: »Du freier Mensch, du liebst das Meer voll Kraft.« Sein Geist ist erfüllt von fernem Blau. In seinem Innersten schwimmt der Pariser auf salzigen Fluten, hat alle Segel gesetzt.

Es ist in Paris nicht gern gesehen, wenn jemand Segeln nicht mag. Keine heimliche Leidenschaft fürs Segeln zu pflegen, weist auf eine welke, völlig verstädterte Seele hin. Mit seinem eleganten und poetischen Wesen ist das Segeln selbstverständlich pariserisch.

Nichts beeindruckt einen Pariser mehr als jemand, der die Welt umsegelt hat. Das ist die Pariser Vorstellung von Glück. Manche werden einwerfen, dass ihnen dieses Glück eher unbequem und feucht vorkommt. Ein solcher Mangel an Seelengröße disqualifiziert einen als Individuum. Nur eine einzige Personengruppe darf Kritik am Segeln üben: hübsche Mädchen, die bereits mit dem Segelboot unterwegs waren. Sie sind die Einzigen, denen man nachsieht, wenn sie sagen, ein Boot sei langsam, beschränkt, feucht und manchmal auch gefährlich. Das bestätigt den mehr oder weniger offensichtlichen Eindruck des männlichen Parisers, dass er dem weiblichen Geschlecht, mit seiner materialistischeren Veranlagung, durch seinen Intellekt und seine Poesie überlegen ist.

Egal, ob er auf dem Pazifik oder dem Ozean unterwegs ist. Der Gedanke ans Segeln übersteigt bei Weitem das Segeln selbst. Tatsächlich haben die hübschen Pariserinnen nicht unrecht: Boote sind feucht und ein bisschen langsam.

Eine hervorragende Alternative zum Segeln ist das Tragen von Seemannskleidung. Segelschuhe, eine Bootsjacke oder eine Matrosenbluse in Paris zu tragen (immer nur eins davon), bringt die verfluchte Vorrangstellung poetischer Seelen zum Ausdruck. Manchmal geschieht es sogar, dass der Mann mit diesen Segelschuhen weint, wenn er aufs Meer schaut. Es gibt keinen höheren Gipfel der Menschlichkeit.

Der Gedanke ans Segeln ist so präsent im Geist des Parisers, dass er das Bedürfnis verspürt, sich mit Abbildungen seiner Schönheit zu umgeben. Jeder Pariser, der diese Bezeichnung verdient, besitzt ein Fotobuch mit schönen Fotos vom Meer und von Booten. Ein gerahmtes Foto in einem Zimmer oder ein Poster auf dem WC können den Besucher ebenfalls erfreuen. Auch Aufnahmen vom tosenden Meer oder uneinnehmbaren Leuchttürmen werden vollauf akzeptiert. Modelle von schönen Segelbooten oder alten Schiffen finden Platz in seinem Ferienhaus.

Sagt Ihnen ein Pariser eines Tages, dass er *»segelt«*, so wäre es höflich, ihn zukünftig als *»tollen Segler«* vorzustellen. Auch wenn Sie selbst kein Segler sind, er wird Ihre Umsicht zu schätzen wissen. Ja, der Pariser ist sehr großmütig.

Segeln macht Sie besser.

Praktischer Hinweis:

Verpassen Sie ja nicht den beeindruckenden Film *Tabarly*.

Sagen Sie es auf Pariserisch:

»Ich hab da einen Freund, der einmal über den Atlantik gesegelt ist… ein super Typ!«

Südamerika

Alle Pariser lieben Südamerika. Da gibt es keine Ausnahme.

Südamerika beinhaltet für den Pariser alles, was unterhalb der Vereinigten Staaten liegt. Die eigenständige Existenz Mittelamerikas wird in Paris nicht anerkannt. Dass es in Südamerika mehrere Länder gibt, ist schon verwirrend genug, das muss man nicht noch verschlimmern. Der Pariser weiß, dass Südamerika bunt, authentisch und fröhlich ist. Was für Unterschiede kann es zwischen Guatemala und Peru schon geben?

Während ihres Studiums reisen Pariser häufig nach Südamerika, »*einfach so drauflos*«. Ohne Rucksack nach Südamerika zu reisen, wird als richtige Stillosigkeit angesehen. Tatsächlich ist es wünschenswert, nach Hause zu kommen und den Rest seines Lebens sagen zu können: »*Ich hab eine Rucksacktour durch Südamerika gemacht.*« Sich ins Abenteuer zu stürzen heißt für den Pariser, Rucksack statt Koffer zu wählen und »*gute Wanderschuhe*« einzupacken. Aber auch im Hotel zu schlafen.

Nach seiner Rückkehr aus Südamerika wird der Pariser verkünden, dass er »*einmal quer durch Südamerika getingelt ist*«. Ohne zu zögern, urteilt er danach darüber: »*Es war genial.*« Er wird etwas über die »Farben« und die »Leute« sagen. Auch wenn es, ganz offensichtlich, »*ein bisschen primitiv und urig war*«. Ganz offensichtlich.

Viele Pariser haben einen südamerikanischen Freund. Und die, die keinen haben, hätten gerne einen. Südamerikanische Freunde bringen eine gewisse Leichtigkeit und einen fröhlichen Akzent an den Tisch des Parisers. Der einzige Minuspunkt, mit dem der Pariser Südamerika vielleicht in Verbindung bringt, ist »die Gewalt«. Liebend gerne erzählen alle Pariser diese Geschichte von einem Bekannten, der in Südamerika ausgeraubt wurde. Das ändert jedoch nichts an der Liebe, die der Pariser für diesen bunten Kontinent hegt.

Praktischer Hinweis:

Gehen Sie nach Argentinien.

Sagen Sie es auf Pariserisch:

»Ich hätte solche Lust,
einmal durch Südamerika zu reisen ...«

Die Herkunft

Am einfachsten kann man einen Ausländer erkennen, wenn man ihm zuhört. Der Ausländer ist derjenige, der zum Schluss bei einer Unterhaltung über Frankreich sagt: »*Franzosen sind stolz.*« Ganz offensichtlich kommt diese Person nicht von hier: Franzosen sind bei Weitem das Volk, das sich selbst am wenigsten leiden kann. Ein Kommentar über ihren Stolz ist wie einer über ihre Lebensfreude. Beide Begriffe sind zwar sehr hübsch, aber ganz schön veraltet. Der Franzose ist weder fröhlich noch stolz. Jahrelang wurde seine Gesellschaft durch sozialistisches Gedankengut geprägt, wodurch diese nationalen Charakterzüge gänzlich abhandenkamen: Während die harten Sachen rosten und kaputtgehen, schmelzen die weichsten und vergehen unter den lauen Wassern des Sozialismus à la française.

Noch vor wenigen Jahrzehnten nannte man sein Land zu lieben Patriotismus, und es wurde als etwas Nobles wahrgenommen. Heutzutage ist es eine verdächtige Neigung, die an Rassismus grenzt und in gesellschaftlicher Hinsicht ganz bestimmt nicht zu empfehlen ist.

In Frankreich ist es nicht gut, Franzose zu sein. Frankreich ist dafür nicht liebenswert genug. Also ist es wichtig, hinsichtlich seiner Herkunft einen Plan B zu haben. Die Nachkommen der jüngsten Einwanderer sind diesbezüglich etwas begünstigt: Sie sind »Algerier«, »Marokkaner« oder »Senegalesen«. In Frankreich geboren und aufgewachsen zu sein und sein ganzes Leben dort verbracht zu haben, reicht ganz offensichtlich nicht aus, man muss sich dennoch jeden Tag darum bemühen, die schimpfliche Bezeichnung »französisch« von sich zu weisen. Für denjenigen, dem dieses besondere Privileg nicht zuteil ist, wird es etwas komplizierter.

Für ihn gibt es zwei Lösungen: sich die Ursprünge und kulturellen Praktiken derjenigen zu eigen machen, die die Medien als »Franzosen mit Migrationshintergrund« präsentieren. Diese Strategie ist hauptsächlich für die Vorstädte gültig.

In wohlhabenderen Schichten gehört es zum guten Ton, sich mit einer starken regionalen Verbundenheit zu brüsten: *»Ich bin Pariser. Na ja … meine Familie stammt aus der Auvergne.«* Auf den Satz »Ich bin Pariser« folgt so automatisch ein abschwächendes Element, das einen mit einer bestimmten Region verbindet.

Von da zu kommen, wo man gerade ist, ist nicht akzeptabel, insbesondere für den Pariser. Während der Rest von Frankreich sich von der unbewussten Verachtung befreien muss, die Medien und links orientierte Lehrer in ihren Köpfen mit der Vorstellung von Patriotismus verknüpft haben, müssen Pariser darüber hinaus die durch und durch bewusste Verachtung überwinden, die die Gemeinschaft ihrer Landsleute ihnen gegenüber empfindet.

Die Franzosen sind sich allesamt einig, dass der Pariser das schlimmste Wesen im gesamten Staatsgebiet darstellt: arrogant, schädlich und unnütz.

Der einfachste Weg, um sicherzustellen, dass der Pariser als Umgang infrage kommt, besteht darin, sich auf eine wenngleich nicht zutreffende so doch läuternde Herkunft zu berufen. In diesen erdachten Ursprüngen steckt immer auch ein Körnchen Wahrheit.

Die in den Vordergrund gerückte Region ist entweder die Herkunftsregion einer seiner Großeltern oder aber die, in der er als Kind die meisten Ferien verbracht hat. Und so kommt der Pariser aus der Bretagne, dem Südwesten, der Auvergne oder dem Süden. Niemals behauptet er aus der Normandie, dem Norden oder dem Osten zu stammen. Die Wahrscheinlichkeit, dass alle seine Großeltern in einer dieser gesellschaftlich weniger angesehenen Regionen aufgewachsen sind, ist nicht sehr groß und würde einem kleinen Fluch gleichkommen.

Es ist also einfach, einen Ausländer in Paris auszumachen, aber umso schwieriger, einen Franzosen zu erkennen, der in Paris lebt, aber nicht dort aufgewachsen ist. Doch auch hier liegt das Geheimnis im aufmerksamen Zuhören. In dem Moment, in dem er behauptet, Pariser zu sein, können Sie sich einer Sache ganz sicher sein: Er ist es nicht.

Praktischer Hinweis:

Der Sozialismus ist tödlich.

Sagen Sie es auf Pariserisch:

»Ja, ich bin in Paris geboren, aber meine ganze Familie kommt aus dem Südwesten …«

Witzige Typen

Intelligenz in Paris ist eine einfache Angelegenheit. Bei den Jüngeren lässt sie sich anhand von guten Noten feststellen, bei den Älteren anhand eines Anzugs. Und da gute Noten zum Anzug führen, gibt es ein unübersehbares Kontinuum zwischen intelligenten Kindern und intelligenten Erwachsenen. Im Lauf der Jahre sind die Tätigkeiten und Verhaltensweisen der Leute, die als intelligent eingeordnet werden, in den Augen des Parisers selbst zum Ausdruck von Intelligenz geworden. Diese heimliche Neudefinition von Intelligenz entzieht einer Mehrheit von Menschen die Möglichkeit, eines Tages ebenfalls als intelligent zu gelten. An der Spitze der Pyramide der unintelligenten Menschen thront der Mensch, der sich amüsiert, der lacht und andere zum Lachen bringt: der, den wir – manchmal mangelt es dem Französischen an Ausdrücken – als *»l'homme ›fun‹«*, den witzigen Typen, bezeichnen.

Während der intelligente Mensch sich als geistreich erweisen kann (ohne sich jedoch als Spaßvogel zu outen, Würde verpflichtet), so ist es dem Spaßvogel unmöglich, intelligent zu sein. Ganz offensichtlich. Wenn dem nämlich so wäre, dann wäre er kein Spaßvogel, sondern geistreich.

Dennoch liebt der Pariser, der sich gerne unterhalten lässt, witzige Typen; das ist ein bisschen so, wie Erwachsene Kinder lieben. Eine Liebe gefärbt von melancholischer Herablassung.

Die Annäherung des Parisers ans Vergnügen bleibt aber äußerst passiv. Er beobachtet und genießt zurückhaltend. Abgesehen von diesem Vergnügen, ist es für den Pariser wichtig, dass seine Begegnungen mit witzigen Typen sporadisch bleiben. Jemand Witzigen zum Freund zu haben, könnte dem schönen Schein der Intelligenz schaden. Ein guter Freund muss in Paris sympathisch oder cool sein; aber ganz bestimmt nicht witzig. Man sagt, witzige Leute in Paris hören entweder auf es zu sein oder sie bleiben allein. An seinen Blödeleien festzuhalten führe dazu, dass sie wie ein Kellner in einem chinesischen Restaurant behandelt werden: distanziert und herablassend – wobei der Pariser immer empfänglich für das bleibt, was der Kellner zu bieten hat.

Die Vorstellung, Intelligenz könnte einem fröhlicheren Leben zuträglich sein, ist dem Pariser nie durch den Kopf gegangen. Doch so wie der König seinen Narren liebt, liebt der Pariser witzige Typen. Noch mehr als das Vergnügen, das sie ihm zuteilwerden lassen, liebt der Pariser den heimlichen Anblick des verkleideten Leidens. Der Spaßvogel ist ein trauriger Clown. Das ist eine der Pariser Gewissheiten (und in keiner Weise Küchenpsychologie: »Ich lache mit ihm, aber ich verstehe ihn. Ich verstehe seine Witze, aber – und das ist noch wichtiger – ich verstehe ihn als Person.«.

Unterm Strich ist das Thema der Erheiterung in Paris ebenso klar wie das der Intelligenz: sich zu erheitern wird akzeptiert; erheiternd zu sein nicht.

PRAKTISCHER HINWEIS:

Sie sind ein witziger Mann und kommen nach Paris, herzlich willkommen! Sie sind eine witzige Frau und kommen nach Paris, ebenfalls herzlich willkommen. Aber bereiten Sie sich darauf vor, vonseiten der Pariser auf Hass und Verachtung zu treffen.

SAGEN SIE ES AUF PARISERISCH:

»Oh nein, nicht der … der kleine Spaßvogel vom Dienst, echt, das braucht's nicht …«

UNTERHALTUNGEN FÜR SICH ENTSCHEIDEN

Eine Unterhaltung in Paris kommt dem gleich, was die *battles* für den Hip-Hop sind: ein Moment der Wahrheit, eine Abkürzung zum Ruhm. Eine Unterhaltung ist in Paris ebenso eine Bühne wie eine Schlacht. Der Pariser entscheidet Unterhaltungen für sich. Das ist eine schöne Beschäftigung für ihn.

Dem Nicht-Pariser könnte diese Gewohnheit auf die Nerven gehen. Manche lösen Sudoku-Rätsel, der Pariser unterhält sich. Tatsächlich lässt er sich hin und wieder zu harmlosen Diskussionen hinreißen. Schließlich ist er menschlich. Aber diskutieren bedeutet nicht, sich zu unterhalten.

Zwei grundsätzliche Regeln leiten die Kunst der Pariser Unterhaltung. Die erste bezieht sich auf das Thema der Unterhaltung: Politik, Ökonomie oder Geostrategie. Kein anderes Thema wird akzeptiert – zu gewöhnlich. Die zweite Regel bezieht sich auf die Form: Um sich wie ein Pariser zu unterhalten, sollte man widersprechen. Indem er widerspricht, zeigt der Pariser, dass er mehr weiß. Sein Gegner wird sich schon bald fragen, ob das Wissen des Parisers unendlich ist. Der Pariser ist ein scharfsinniger Stratege. Und schon schwindet das Vertrauen seines Gesprächspartners.

Eine Unterhaltung für sich zu entscheiden, ist eine Sache der Würde. An einer Unterhaltung nur teilzunehmen, ist etwas für

Loser. Sie zu verlieren ziemlich demütigend. Gewinnen ist eine Notwendigkeit. Um das zu tun, können die zweifelhaftesten Tricks und Kniffe ohne die geringsten Hemmungen angewandt werden. Sich zu unterhalten bringt die animalische Seite des Parisers zum Vorschein.

Einer der beliebtesten Tiefschläge des Parisers ist das Argumentieren mit Zahlen. Der Pariser streut in jede Unterhaltung Statistiken, Wahrscheinlichkeiten und andere mehr oder weniger zweifelhafte Umfragen ein. Dieser Schlag ist ebenso hart wie schwer zu kontern. Es gehört zum grundlegendsten gesellschaftlichen Hintergrund zu wissen, dass diese Zahlen keinesfalls stimmen müssen. Die Form ist hingegen wichtig, und es ist angebracht, sie mit einer gelehrten Bescheidenheit vorzutragen (*»Neulich habe ich einen Bericht der UNO gelesen, in dem stand, dass …«*). Der Pariser bekommt nie genug von der wunderbaren Effizienz der Argumentation mit Zahlen. Diese verwendet er ganz genüsslich: sowohl als finalen Dolchstoß, aber auch als perverse Akupunktur. Am häufigsten jedoch als Mittel gegen die überlegenen Gedankengänge seines Gegners.

In diesem Kampf ohne Mitleid oder Scham entwickelt der Pariser einen ausgezeichneten Sinn fürs Ästhetische. Aus Liebe zur Kunst kommt es nicht selten vor, dass er eine Sache verteidigt, an die er gar nicht glaubt. Das trifft insbesondere in einem Umfeld zu, in dem der schale Geruch des Konsenses herrscht. Dieser wirkt wie ein Aphrodisiakum auf den Pariser. Die Gelegenheit, es allein mit einer ganzen Gruppe aufzunehmen, ist viel zu schön. Abgesehen von der vergnüglichen Wortschlacht ist der mögliche Gewinn beträchtlich. Eine solche Unterhaltung für sich zu entscheiden, ermöglicht es dem Pariser gefürchtet und verehrt zu werden. Der Preis dafür - man könnte ein paar Unentschlossene kränken, doch der Pariser denkt nicht ritterlich und verspürt nur umso mehr Stolz. Dialektiker ohnegleichen, bewandert mit Zahlen und erbitterter Kritiker der Unentschlossenen: Das Maß ist voll.

Während einer Unterhaltung mit linksorientierten Freunden macht sich der Pariser auf einen Kreuzzug gegen die Privilegien von Beamten und die Ineffizienz des französischen Staates. Mit seinen amerikanischen Freunden lobt derselbe Pariser die wunderbaren sozialen Sicherheiten, die den Franzosen zuteilwerden, und unterstreicht nebenbei die großartigen Errungenschaften, ob in medizinischer Hinsicht oder von großen französischen Staatsunternehmen, und versäumt es dabei nicht, hinterlistig die ganze Verachtung, die er für den amerikanischen Individualismus empfindet, zum Ausdruck zu bringen.

Unterhaltungen über Kriege bieten ebenfalls Gelegenheit für herrliche Verrenkungen. Dementsprechend ist der Pariser ganz eindeutig ebenso für wie gegen den Krieg in Afghanistan. Je nach Gesprächspartner.

Sollte der Pariser zufälligerweise innerhalb weniger Tage für und gegen ein Thema sein, dann ist es selbstverständlich völlig akzeptabel, dass er sich die Argumente zu eigen macht, gegen die er sich zuvor gewehrt hat. Einige werden darin eine gewisse Doppelzüngigkeit sehen. In Paris ist der Ausdruck »Schneid haben« wohl eher angebracht.

Praktischer Hinweis:

Fehlt es Ihnen zu einem Thema an Wissen, dann machen Sie es einfach wie die Pariserin und bezichtigen Sie die anderen (je nach Altersgruppe) als »Spielverderber«, »Langweiler« oder »Nervensäge«.

Sagen Sie es auf Pariserisch:

»Ich habe vor Kurzem gelesen, dass über 45 000 Tierarten in den letzten 20 Jahren verschwunden sind …«

Jacques Brel

Nur wenigen Männern gelingt es, die hohe Kunst zu erreichen, von allen Parisern einmütig akzeptiert zu werden. Noch seltener sind es Künstler. Jacques Brel gehört zu ihnen.

Jacques Brel war Belgier. Normalerweise würde der Pariser ihm das vorhalten. Aber sein Talent und sein Auftreten waren stärker als seine Herkunft. Zuallererst war Brel einmal ein Mann. Er ist der Inbegriff dessen, was der Pariser gerne geworden oder zumindest gerne geblieben wäre. Er ist ganz die Gerechtigkeit derjenigen, die verstehen, ganz die Menschlichkeit derer, die leiden, und ganz das Feuer derer, die sich widersetzen. Brel war ein außergewöhnlicher Künstler, der im Schreiben, Singen und Vortragen glänzte. Seine Musik spiegelt jedem Pariser das bisschen Talent wider, das er mit sich herumträgt. Jacques Brel lässt schamhafte Seelen erklingen; Paris bringt Tausende davon hervor. Brel war ein Mensch, der litt und sich über die Brutalität des Lebens empörte. Sein Schmerz erhob sich in vibrierenden Wolken und fiel in schweren Schweißtropfen wieder zu Boden. Der Pariser erlaubt sich nicht mehr, so zu leiden. Doch er ernährt sich noch immer von der unheilvollen Schönheit der Leiden, die man nicht heilen kann.

Brel hat es geschafft, weder auf seine brodelnde Menschlichkeit noch auf den Roman seines Lebens zu verzichten: Das eine hat vom anderen profitiert und spiegelt dem Pariser immer das angeknackste Bild seiner eigenen Existenz zurück. Und weist damit indirekt mit dem Finger auf seine Zugeständnisse und seine kleinen Entsagungen.

BREL

Jacques Brel gehört zu den Wesen, denen die Stadt, Geld oder die Lichter der Öffentlichkeit nichts anhaben können. Der Pariser weiß, dass er etwas verblichen ist, da er seine Menschlichkeit durch seine Schwäche jeden Tag ein bisschen mehr verrät.

Der seltene Kokon aus Schmerz und Talent, verwoben mit der stilvollen Wahrheit des Mannes, der seine Seele entblößt, rüttelt unweigerlich den Mann aus gutem Hause wach. Den stechenden Schmerz des Lebens noch immer spüren zu können, ist für ihn eine Form, sich intellektuell abzuheben. Brel hat den Schmerz genommen und daraus etwas Schönes gemacht. Der Pariser ist ihm dafür ewig dankbar. Brel hat den Schmerz nicht zerstört. Er hat ihn verherrlicht.

Praktischer Hinweis:

Machen Sie dem Pariser eine Freude: Schenken Sie ihm ein Poster mit dem Foto von Jacques Brel, Georges Brassens und Léo Ferré. Das werden Sie schon bald auf seiner Toilette wiederfinden.

Sagen Sie es auf Pariserisch:

»Brel war einfach der Größte …«

AUSLÄNDERINNEN

Die Pariserin ist ein Mythos. Ganz einfach.

Ein Spaziergang durch die Straßen der schicken Hauptstadtviertel ist, daran besteht kein Zweifel, eine wunderbare Gelegenheit, schönen Frauen zu begegnen, immer zurechtgemacht und elegant. Der Tourist oder Neuankömmling lässt sich davon verzaubern. Und der Mythos wird weiter bestehen. Der unbedarfte Grünschnabel des Pariser Lebens ignoriert manchmal, was die Pariser Frau tief in ihrem Inneren motiviert. Alle Pariserinnen folgen demselben Verhaltenskodex, der jeden ihrer Schritte lenkt: nicht für eine Nutte gehalten zu werden.

Dieses edle Anliegen hat unzählige Folgen. Die offensichtlichsten von ihnen reichen von der Unfähigkeit zu flirten bis hin zur völligen Abwesenheit des kleinsten bisschen Sex-Appeals, über eine beständige Nüchternheit und das tägliche Abwürgen des Dekolletés bis hin zur Verachtung des Lächelns und jeder Frau, die darin keine Lebensregel erkennt.

Zwischen zwanzig und vierzig Jahren ist die Pariserin in einer Beziehung. Eine feste Beziehung ist bei Weitem der beste Weg, um niemals für eine Nutte gehalten zu werden. Interessanterweise kann man feststellen, dass die Pariserin ihre Tage und Nächte lieber mit einem Mann verbringt, der nicht so recht zu ihr passt, als sich der diffusen Bedrohung eines zweifelhaften Hauchs moralischen Argwohns zu stellen.

Eines Tages endet diese Beziehung jedoch. In der Regel, weil der Mann genug davon hat, auf umgänglichere Gesellschaft zu hoffen. Die Trennung führt zu tief greifenden Fragen, dann zu Phasen des

Experimentierens, die bei Familienessen geflissentlich übergangen werden.

Diese einseitige Lebensführung stürzt Pariser und Pariserinnen in das tiefe Dunkel sexuellen Unglücks.

Glücklicherweise ist Paris jedoch eine überwältigende Stadt.

Ein schneller Rundumblick in einer Pariser Bar verrät dem Beobachter viel über die Art, wie die Liebe in der Stadt der Lichter funktioniert. Zwischen der Horde betrübter Männchen tummeln sich ein paar lächelnde Ausländerinnen. Die wenigen Pariserinnen erkennt man an ihrer völlig niedergeschlagenen Miene und ihrer Unfähigkeit, die verschränkten Arme voneinander zu lösen. Bei Nacht entdeckt der Pariser eine unverhoffte Wirklichkeit: Ausländerinnen sind anders. Sie können ein Diplom in der Tasche haben und dennoch tanzen. Sie können lächeln und einen Drink zu sich nehmen. Sie amüsieren sich und freuen sich darüber.

Eine solche Entdeckung geht nicht spurlos an einem vorbei. Da, wo der Pariser sich im Laufe seines Erwachsenwerdens nur eine Pariserin vorstellte – die Schnapsidee einer Liebesbeziehung mit einer Provinzlerin wurde schon in jungen Jahren von seinem Ego abgeblockt –, eröffnet sich ihm nun eine ganz neue Welt. Schnell ist der Point of no Return erreicht.

Zahlreich sind die Beispiele berühmter zeitgenössischer Franzosen, die Frauen von weit her bevorzugt haben: Nicolas Sarkozy

(Italienerin), François Fillon (Waliserin), Vincent Cassel (Italienerin), Olivier Martinez (Australierin) …

Das beweist, dass sich die Straße des Glücks selbst für Männer mit Geld, Macht und Ruhm nicht mit einer Pariserin an ihrer Seite auftut.

Praktischer Hinweis:

Sollten Sie eine Pariserin lieben, fangen Sie damit an, sie nicht mehr zu lieben, das wird unweigerlich dazu führen, dass sie Sie liebt.

Sagen Sie es auf Pariserisch:

»Pffff…«

Das Wort »klein«

Was in Paris im Überfluss auftaucht, wird zwangsweise zur Zügellosigkeit. Diese Regel lässt sich auf alles anwenden. Insbesondere auf die angenehmen Dinge des Lebens: Essen, Sonne, Spaß … Viel Vergnügen ist unweigerlich zu viel Vergnügen. Um sein schlechtes Gewissen zu mäßigen, schickt der Pariser für gewöhnlich jeglichem Hinweis auf Vergnügliches im Leben das Adjektiv *petit* – *klein* voraus.

»Klein« taucht heutzutage nur selten allein auf. Es hat seine Kumpel Einfachheit, Mäßigung und Geselligkeit im Schlepptau. Es eignet sich also hervorragend, um schöne Aktivitäten für den Pariser zu beschreiben. Es ist eine Möglichkeit, ihm die Peinlichkeit zu nehmen, die die Vorstellung von Vergnügen in ihm hervorgerufen hat. Der Pariser interessiert sich nicht für die großartigen Dinge des Lebens. In Bezug auf das Vergnügen ist er ein Impressionist. Ein Pinselstrich nach dem anderen.

Der Pariser liebt es, seinem Vergnügen etwas Steifes zu verleihen: Er trifft sich mit seinen Freunden in einem *»netten kleinen Restaurant«* auf ein *»kleines Bier«*, *»ein kleines Kalbsfrikassee«*, *»einen netten kleinen Abend«* oder *»ein nettes kleines Wochenende«*. Das Adjektiv *klein* wird ohne jegliche Berücksichtigung von Erwartungen, Aufwand, geschenktem oder empfundenem Vergnügen hinsichtlich der betreffenden Unternehmung verwendet. Der Pariser verbietet es sich zuzugeben, irgendeine Anstrengung für die Vorbereitung eines schönen Moments auf sich genommen zu haben. Ebenso sehr wie er die Vorstellung vertreibt, sich irgendetwas davon zu erhoffen.

Das Vergnügen ist in Paris etwas Passives. Es ist das Sahnehäubchen auf dem Kuchen des Parisers. Dieses Sahnehäubchen kann gar nicht so beeindruckend sein: Das Leben des Parisers ist ja bereits großartig. Jegliches Extra muss ihm untergeordnet sein. Und dem Pariser ist es wichtig, dies kundzutun.

Um dem Ego des Parisers zu schmeicheln, kann man sich also nach seinem »netten kleinen Wochenende« erkundigen. Woraufhin er eine depressive Aufzählung wunderbarer Unternehmungen beginnt. Pariser sein heißt, in solchen Momenten scheinbar abwesend zu sein. Die netten kleinen Wochenenden des Parisers sind und bleiben immer sehr viel besser als die als *big* bezeichneten Wochenenden.

So ist in Paris also alles klein geworden. Von der Unterschrift auf einer Quittung bis zum bedeutungsvollsten Problem. Indem es die Tragweite des Substantivs verringert, macht es das Adjektiv »klein« verdaulicher. Unterm Strich verkleinert diese Allgegenwart die Welt. Vielleicht nicht im Umfang, aber doch in der Tiefgründigkeit.

Der Pariser mag das Erlesene und das Zarte. In Paris gilt: *Big is not beautiful. Big* ist vulgär. *Big* verdirbt dem Pariser den heimlichen Appetit auf die Erlesenheit.

Praktischer Hinweis:

Genauso kann jeglichem Bezug zu einer unangenehmen oder schmerzhaften Erfahrung das Adjektiv »groß« vorausgeschickt werden.

Sagen Sie es auf Pariserisch:

»Und dann hätte ich hier noch gerne eine kleine Unterschrift.«

Die *Bobos*

Von außen betrachtet ist Paris die Stadt der *Bobos*, der Pariser Möchtegern-Bohemiens. Von innen betrachtet schreitet die Besiedelung mit verblüffender Geschwindigkeit voran. Allerdings entgeht dem nicht einheimischen Beobachter eine himmelschreiende doppelte Wahrheit: Der *Bobo* ist kein Pariser. Und der Pariser ist kein *Bobo*.

Der *Bobo* ist für gewöhnlich zwischen zweiundzwanzig und vierzig Jahre alt, hat das bessere Vorstadtviertel oder die bürgerliche Provinz verlassen und ist fürs Studium oder die Arbeit nach Paris gekommen. Er kann sich wohl für die vollkommenste Form des Parisers halten, aber dem ist nicht so. Selbst das eifrigste Aufsuchen von angesagten Adressen und genaue Kenntnisse darüber, was in Paris als cool gilt, ändern nichts daran. Pariser zu sein kann man weder verordnen noch sich erarbeiten.

Da, wo der Pariser sich in Szene setzt, setzt der *Bobo* sein Leben in Szene. Der *Bobo* will die Hauptfigur seiner Erzählung sein, wohingegen der Pariser sich zum allwissenden Erzähler macht. Beobachtet der Pariser andere, so beobachtet der *Bobo* sich selbst. Der eine bevorzugt unangenehme Rauheiten, der andere zieht die selige Lauheit vor. Der *Bobo* geht brunchen, der Pariser zum Essen mit der Familie. Der *Bobo* ist vorhersehbar, der Pariser unergründlich. Der *Bobo* liebt es, in Paris zu leben, dem Pariser ist das, bestenfalls, gleichgültig.

Der *Bobo* hat beim Erwachsenwerden davon geträumt, seine Einzigartigkeit in einer Gruppe aufgehen zu sehen, in der sie besser angenommen wird. Der Pariser sieht seine Einzigartigkeit wie einen aufgeblähten Schleier geheimnisvoller Passatwinde, die ihn zu einem wünschenswerteren Unmöglichen treiben. Der *Bobo* hat in Paris gefunden, was ihm zu Hause fehlt. Der Pariser hat kein wirkliches Zuhause.

Der Pariser mag die *Bobos* nicht. Er nimmt bei ihnen eine Art der Täuschung wahr, eine leise widerrechtliche Aneignung seiner Identität und dessen, was seine Stadt ausmacht. Paris kann nicht von kleinen Schwärmereien und Dreitagebärten leben. Der Pariser bewundert beeindruckende Ansichten und Menschen, die mit beiden Beinen im Leben stehen. Also kann er den *Bobo* mit dem oberflächlich brodelnden Umfeld, das diesem als kultureller Rahmen dient, nur verachten.

Angesichts dieses Ergusses ist Paris nicht das einzige Meisterstück, das in Gefahr ist. Still bemerkt der Pariser die Verkitschung einer medienwirksamen Schicht von *Bobos*, die so einflussreich geworden ist, dass man weinen möchte. Die Verachtung des *Bobos* hat dem Pariser die Lust auf ein dahinschwindendes Frankreich gegeben. Auf ein in sich ruhendes Frankreich, das nicht auf seine Bequemlichkeit achtet, ein lustigeres und weniger durchgestyltes Frankreich, ein Frankreich, das der völligen Egal-Haltung nicht nachgegeben hat. Der *Bobo* ist nicht wirklich zufrieden mit sich, aber auch nicht ganz unzufrieden, er verändert die französische Gesellschaft: Er macht sie jeden Tag etwas cooler, aber weniger liebenswürdig und ganz gewiss nicht bewundernswert.

Die glücklichste Konsequenz der Machtergreifung durch die Kaste der *Bobos* ist zweifellos auch der Kraftakt, dem am meisten Bewunderung gezollt werden muss: Durch sie ist es gelungen, den Pariser mit der Provinz auszusöhnen.

Praktischer Hinweis:

Wenn Sie im zehnten oder elften Arrondissement von Paris ohne die Verkleidung des Bobos ausgehen, schaut man Sie ebenso an, als wenn Sie rechts wählen würden.

Sagen Sie es auf Pariserisch:

»Die gehen mir so was von auf den Zeiger, diese Bobos.«

Aufzählungen

Der Pariser ist ein gebildetes und einflussreiches Wesen. Und es ist ihm wichtig, darauf hinzuweisen. Er macht das gern klammheimlich durch die tückische Verwendung kleiner Aufzählungen.

Während man andernorts das aufzählt, was noch zu tun ist, zählt der Pariser auf, was er weiß. Solche Listen können unnötig erscheinen; und das wären sie auch, besäße der Pariser nicht die Formvollendung, sie mit seinem Nächsten zu teilen. Es gefällt ihm, seine Sätze mit einer leisen Zurschaustellung seines Wissens zu beenden. Kann man die ökonomische Situation von Osteuropa als florierend bezeichnen? Der Pariser erleuchtet seine Mitmenschen mit einem: »*Unbedingt, also ich bin der Meinung, Polen, Estland und die Ukraine, die florieren, das ist ganz klar.*«

In diesem Stadium wäre es unangebracht, dem Pariser für seine Aufklärung zu danken. Er zeigt sich Ihnen gegenüber zuvorkommend und würde es sehr zu schätzen wissen, wenn ihm eine gleichwertige Behandlung zuteilwürde. Manche werden behaupten, je weniger der Pariser weiß, umso mehr zählt er auf (das sogenannte »Pfauensyndrom«). Damit liegt man natürlich ganz offensichtlich völlig falsch. Demnächst wird der Pariser sich auch noch dafür entschuldigen müssen, dass er weiß, »*wie entscheidend Philosophie ist: Wenn man Platon, Kant oder Schopenhauer liest, das ist schon wahnsinnig stark*«.

Kundig und großzügig, wie er ist, lässt er häufig Experten an seinen Erkenntnissen in ihrem Spezialgebiet teilhaben. Im Restaurant beschreibt er ausführlich, wie man *»das richtige Cassoulet«*, den südfranzösischen Bohneneintopf, zubereitet. Dem Taxifahrer erläutert er die am wenigsten verstopfte Strecke und der Floristin die Bedeutung eines Straußes weißer Rosen. Ausländer glauben, Pariser diskutieren grundlos. Dem ist aber nicht so. Sich zu unterhalten ist in Paris ein sehr selbstloser Akt: eine Möglichkeit, wie man den Horizont der anderen mit Listen und Wissen erweitern kann, jeder Moment erfüllt von Selbstlosigkeit.

Die gebildetsten Pariser übertragen die Gewohnheit der Aufzählungen in die Welt der Adjektive. Ihr Glaube an den Dreiklang ist ungebrochen. In Paris ist ein Theaterstück niemals einfach nur ergreifend; es ist *»ergreifend, berührend, markerschütternd«*. Ein Panorama ist nicht einfach nur schön; es ist *»schön, prächtig, wunderbar…«* Zwei Regeln gehen dem Dreiklang voran. Die erste besteht darin, niemals ein »und« vor dem letzten Adjektiv zu verwenden, die zweite darin, am Ende der Aufzählung betrübt und nachdenklich auszusehen. Der Pariser bewundert alle, die den Pariser Dreiklang beherrschen. Und um zu zeigen, dass er sich niemals ernst nimmt, verwendet der Pariser den Dreiklang spöttisch, indem er ihn in einen Fünfklang verwandelt. So kann er gleichzeitig kultiviert, einfühlsam und geistreich wirken.

Es versteht sich von selbst, dass es schrecklich unhöflich ist, die Bedeutsamkeit einer Liste anzuzweifeln. In Frankreich stellen die Schüler das Wissen des Lehrers nicht infrage. Wie also sollte man das des Parisers hinterfragen? Insbesondere seine netten kleinen Aufzählungen.

Praktischer Hinweis:

Denken Sie daran, Block und Stift mitzubringen, wenn Sie mit einem Pariser diskutieren.

Sagen Sie es auf Pariserisch:

»Italien ist total schön … Neapel, Florenz, Rom …«

SKI-FAHREN

Skifahren ist kein Sport, es ist ein Ziel.

Der Pariser geht zum Skifahren. In der Regel einmal pro Jahr und in den Alpen. Die Pyrenäen sind fest im Griff lauter Südfranzosen, und demzufolge meidet man sie. Sucht man nach einem »etwas familienfreundlicheren Urlaubsort«, kann man sich für das Jura oder die Vogesen entscheiden.

Seine Station wählen ist ein entscheidendes Element der Darstellung einer Pariser Identität. Um in den Genuss eines bestimmten Personenkreises zu kommen, ist es angebracht, nur entsprechende Wintersportorte aufzusuchen. Tignes verschafft Ihnen Respekt bei echten Skifahrern; Courchevel öffnet Ihnen die Türen zum versnobten Paris; Les Menuires zeugen von einer Liebe zum Skifahren, ohne jedoch ein ganz offensichtliches Problem hinsichtlich Ihres Könnens zu kaschieren.

Das hauptsächliche Ziel eines Skiaufenthalts ist es jedoch, als derjenige mit dem gebräuntesten Teint zurückzukommen. Ein Abdruck der Ski- oder Sonnenbrille ist der offenkundigste und zugleich bescheidenste Hinweis darauf, ja, »*Sie waren beim Skifahren und ja, das Wetter war ausgezeichnet, danke der Nachfrage*«. Dementsprechend sind die Chancen, einen Pariser auf den Pisten anzutreffen, weitaus geringer, als ihn beim Sonnenbad auf der Terrasse eines Gipfelrestaurants vorzufinden. Man muss sich über seine Prioritäten im Klaren sein und auch mal ein Opfer bringen, um seine Ziele zu erreichen.

Nach seiner Rückkehr wird der Pariser sich natürlich über den Abdruck der Sonnenbrille beschweren. »*Ja, ich weiß, das sieht bescheuert aus.*« Als echter Sportler hat er auch etwas über die Beschaffenheit des Schnees zu sagen. Entweder »*exzellent*« oder »*beschissen*«. Manchmal auch »*ging so*«.

Sollte der Pariser unerwartet ein Jahr nicht zum Skifahren kommen, wird er sich bei seinesgleichen rechtfertigen: »*Keine Zeit, ich hab zu viel Arbeit dieses Jahr*« oder »*Dieses Jahr ging's in die Sonne*«. (Die Sonne ist, genau wie das Skifahren, ein Urlaubsort für den Pariser). Nicht zum Skifahren zu gehen, ist für den Pariser ein bisschen so, als würde ein Katholik nicht in die Kirche gehen. Skifahren ist ein fester Bestandteil der Pariser Identität. Ohne Ski keine Pariser Identität.

Dementsprechend unerlässlich ist es also, mit guten Pariser

Geschichten vom Skifahren zurückzukommen. Der Pariser zwingt sich, genervt über die vielen Leute zu sein, die er nicht sehen wollte und auf die er dennoch getroffen ist, amüsiert über dieses eine Mal, als er fast von einem englischen Touristen umgefahren worden wäre (der – ganz offensichtlich – nicht Skifahren konnte), oder relativ stolz darauf, leckere Würste und Bergkäse mitgebracht zu haben. Seine Tasche riecht jetzt zwar etwas merkwürdig, aber *»also das ist mir völlig egal, das ist so lecker«*.

Der Pariser ist verwegen. Das merkt man seinen Geschichten an.

Praktischer Hinweis:

Fahren Sie in Jeans und Pullover
auf den Pisten.

Sagen Sie es auf Pariserisch:

»Ja, wir hatten echt Glück,
der Schnee war hervorragend.«

Die schicken Viertel

In Paris ist allgemein bekannt, dass die Einwohner ein und desselben Arrondissements zu einer Einheit werden. Sie reden auf dieselbe Art und Weise, kleiden sich gleich, gehen in dieselben Bars und Restaurants und haben dieselben Berufe. Dieses Wissen erlaubt es dem Pariser, fröhlich über die wohlhabendsten Arrondissements herzuziehen.

Diese – sehr pariserische – Eigenart gründet auf Jahrzehnten von praktischen soziologischen Analysen. Also ist sie völlig akzeptabel.

Pariser, die im sechsten, siebten, achten, sechzehnten und siebzehnten Arrondissement leben, sind allesamt *»bourges – feine Pinkel«*: Alle fahren sie einen Smart oder einen BMW. Ihren Urlaub verbringen sie in Cannes oder in Courchevel, und alle tragen sie Poloshirts von Ralph Lauren. Nur die im sechzehnten Arrondissement lebenden Pariser haben Anspruch auf die Bezeichnung *»gros bourges – piekfeine Pinkel«*. Sie haben alle viel Geld und verdienen es aus diesem Grund, bestraft zu werden. Ein »piekfeiner Pinkel« ist wie ein »feiner Pinkel«, nur schlimmer. Eine andere Art der Erklärung ist nicht nötig. Der Begriff ist übertragbar, und eine Freundschaft mit einem »piekfeinen Pinkel« macht aus Ihnen umgehend ebenfalls einen »piekfeinen Pinkel«.

In Brasilien behauptet man, dass man immer mit jemandem ins Bett steigt, dessen Haut etwas dunkler als die eigene ist, und dass man immer jemanden heiratet, dessen Hautfarbe etwas heller ist.

Dieselbe Logik ist in Paris am Werk. Ein Liebesabenteuer kann leicht über die Grenzen eines reichen Arrondissements hinausführen, Hochzeiten finden jedoch eher innerhalb dieser Grenzen statt.

Über die wohlhabenden Arrondissements herzuziehen ist eine Tätigkeit, die auch unter Bewohnern derselben Arrondissements gepflegt wird. Eine Hochzeit zwischen einem Mädchen aus dem sechzehnten und einem Jungen aus dem sechsten Arrondissement würde von der Familie des Mädchens als Unglück angesehen (Vergeudung des Erbes, Eindringen von linksorientiertem Gedankengut, Vernichtung jeglichen Unternehmergeistes …), wohingegen die Familie des jungen Mannes die Gefahr über dem Heim ihres Sohnes schweben sähe (kultureller Zusammenbruch, Verlust des Klassenbewusstseins, Herrschaft des Königs Geld).

Die Entscheidung, in ein wohlhabendes Viertel zu ziehen, ist ein schwerwiegender Schritt, dessen Auswirkungen wohlüberlegt sein wollen. In dem Maße, in dem es in Frankreich höflich ist, sein ganzes Leben über arm zu bleiben, würde ein solch bewusster sozialer und offenbar eingeforderter Aufstieg von den meisten als eine Flucht nach vorn aufgefasst, fast schon eine Provokation, typisch für den, dessen einzige Werte Geld und Angeberei sind.

Praktischer Hinweis:

Um als Spießer betrachtet zu werden und so das Vertrauen der Personen aus wohlhabenden Arrondissements zu gewinnen, klappen Sie einfach Ihren Hemdkragen hoch.

Sagen Sie es auf Pariserisch:

»Siehst du den Typen da …
total sechzehntes!«

Sich beschweren

Hat der Franzose sich für sein beständiges Nörgeln einen netten Ruf erworben, so erhebt der Pariser diese Gewohnheit zur Kunst. Enthusiasmus wird in Paris als milde Form von leichtem Schwachsinn betrachtet. Ein glücklicher Mensch kann nur bescheuert sein. Im Gegensatz dazu muss der, der sich beständig beschwert, zwingend intelligent sein. Hier ist ein wunderbarer Pariser Syllogismus am Werk: Die Person, die sich beschwert, hat das Problem erkannt. Die Person, die das Problem erkannt hat, ist die intelligente Person. Demzufolge ist die Person, die sich beschwert, die intelligente Person.

Diese Argumentation wirkt sich zutiefst auf den Geist des Parisers aus, wodurch er zu einer dauerhaft intelligenten Person wird. Abgesehen davon, dass er, ganz offensichtlich, eine scharfsinnige Person ist, begabt mit dieser unendlichen Weisheit, die es ihm erlaubt, niemals den Fehler zu begehen, sich auf so dumme Aussichten wie die des einfachen Glücks zu verlassen. Sich zu beschweren ist in Paris das beste Mittel gegen Glück und somit gegen die Dummheit.

Mit unbestreitbarem Talent gelingt es dem Pariser, seine Wirklichkeit in jeder Situation schlechtzumachen. Er findet immer etwas, über das er sich beschweren kann: die Qualität eines Essens, die Leute, die Metro, die Arbeit, die Politiker, die Nachbarn …

Je beispielloser und unpassender der Grund der Beschwerde ist, umso mehr profitiert der Pariser von der liebevollen Achtung der ihm Ebenbürtigen (gesetzt den Fall, dass es so etwas tatsächlich gibt).

Sich über das Wetter oder das Fernsehen zu beschweren reicht nicht, um der Anonymität zu entkommen. Sich im Gegensatz dazu aber über Menschen oder Gepflogenheiten zu beschweren, die vom Pariser verehrt werden (Woody Allen, die Picknicks auf dem Champ de Mars oder auf Caféterrassen zu sitzen), hebt den Pariser halb ins unwiderstehlich Originelle, halb ins herrlich Bilderstürmerische.

Tatsächlich kommt dem Pariser niemals in den Sinn, etwas gegen die Situation, die ihn nervt, zu unternehmen (was sind Sie manchmal aber auch ordinär).

Unterm Strich ist die Rhetorik der Beschwerde unverzichtbar: Man ist nicht glücklich, aber man ist intelligent. Man ist nicht glücklich, weil man intelligent ist. Letztlich ist es besser, ein intelligentes Leben zu führen als ein glückliches.

Wie schön es doch ist, Pariser zu sein …

Praktischer Hinweis:

Seien Sie kreativ.

Sagen Sie es auf Pariserisch:

»Es ist wirklich viel zu heiß,
das ist völlig unerträglich.«

Sonne

Die Sonne meidet Paris mit nahezu irritierender Gründlichkeit. Der Pariser hält damit nicht hinterm Berg: Er leidet deswegen. Wenn die Sonne sich endlich doch einmal dazu entschließt, sich zu zeigen, verändert sich das Wesen des Parisers, genau wie ein bislang vom Schönling verschmähtes junges Ding, das plötzlich für ihn interessant wird.

An einem sonnigen Tag ist es für den Pariser zwingend erforderlich, seinen Freunden und Kollegen mitzuteilen, dass es tatsächlich schön ist: »*Hast du gesehen, heute ist es richtig schön, das ist fantastisch!*« In dem Maße, in dem ein Großteil des zwischenmenschlichen Austausches in Paris mit einer Bemerkung über das Wetter beginnt, verankert ein sonniger Tag die Unterhaltung in der Freude. Sowie der Pariser die Sonne wiederfindet, entdeckt er auch die Leichtigkeit von Neuem.

Die Pariserinnen reagieren sehr viel schneller auf die ersten Sonnenstrahlen; bis dahin mit ungeduldigen Vorbereitungen beschäftigt, zücken sie jetzt mit fast schon beunruhigender Hast ihre neuen Outfits und Accessoires. Die Rückkehr der schönen Tage dient auch als ausgezeichneter Vorwand für ihr traditionelles: »*Ich hab nichts anzuziehen, ich muss unbedingt shoppen gehen*«.

Ganz automatisch kommt der Pariser häufiger aus seinem Bau hervor. Hauptsächlich, um sich an dem charmanten Schaulaufen zu erfreuen. Gleichzeitig aber auch, um seinerseits dem Ruf seiner sommerlichen Instinkte zu folgen. In der Sonne verwandelt sich der Pariser in einen unnachgiebigen Verführer. Er verkürzt seine Arbeitstage und knöpft auch ganz unerschrocken zwei, drei, manchmal sogar vier oder gar fünf Knöpfe seines Hemdes auf. Der ein oder anderen Frau ist das etwas unangenehm.

Die Hauptstadt wird dementsprechend anmutiger, fröhlicher und sexuell aufgeladener. Das alles bringt den geplanten Ablauf der Dinge durcheinander, die in der Eintönigkeit und dem Regen vorherrschen. In Paris ist die Sonne als solche ein Regenbogen. Die überflüssigen Knöpfe und kontrollierten Aufeinandertreffen verflüchtigen sich. Dieses bunte Gefälle führt zu einer fast unpassenden Mediterranisierung.

Glücklicherweise verzieht sich die Sonne irgendwann wieder. Die beruhigende Frostigkeit kommt nun wieder zu ihrem Recht. Ebenso die Arbeit. Die Herrschaft der kurzen Röcke und freizügigen Torsos neigt sich in der Jämmerlichkeit des Herbstes ihrem Ende entgegen.

Wie General de Gaulle eines Tages im Mai 1968 sagte: »Schluss mit lustig.«

Praktischer Hinweis:

Was Sonnenbrillen betrifft, vermeiden Sie Formen, die zu sportlich wirken.

Sagen Sie es auf Pariserisch:

»Hast du gesehen, wie schön sonnig es draußen ist?! Davon muss man unbedingt profitieren.«

Abendgestaltung

Der durchreisende Tourist wird vom Pariser Nachtleben ganz bestimmt enttäuscht sein.

Abgesehen von der vorherrschenden, leicht depressiven Atmosphäre und der Verarmung des französischen Volkes, gibt es eine ganz offensichtliche Erklärung für dieses Phänomen. Die jungen Pariser gehen seltener aus als gleichaltrige Ausländer, und wenn doch, dann läuft es anders ab. Der junge Pariser verbringt die Abende bei seinen Freunden. Demzufolge gibt es zweierlei Typen für solche Wohnungsabende: *»den ruhigen Abend«* und *»die große Party«*.

Der »ruhige Abend« ist ein beschauliches Beisammensein. Die vereinten Pariser sitzen auf Sofas, Sesseln oder auf dem Boden. Sie trinken in Maßen und knabbern an *»irgendwelchen kleinen Snacks«*. Die Musik ist gedämpft. Die Unterhaltungen wechseln, laufen aber unweigerlich auf Politisches hinaus. Da lädt sich die Stimmung elektrisch auf. Es bilden sich zwei Gruppen, und die Mädchen lassen den Abend in der Küche oder auf dem Balkon ausklingen, wo sie über die Arbeit, ihre geheime Affäre oder ihre letzten Shoppingtouren reden. Die Jungs hingegen messen einander an der Bedeutsamkeit ihrer Einschätzung der letzten Nachrichten und der Umsetzung ihrer Projekte. »Der ruhige Abend« wird für gewöhnlich am selben Nachmittag improvisiert und wiederholt sich auf ähnliche Art und Weise jeden Freitag oder Samstag.

»Die große Party« umfasst mehr Pariser, Alkohol und Vorbereitung. Der Pariser hat Vorbehalte sowohl bezüglich der Organisation einer großen Party als auch der Teilnahme an einer solchen. *»Wir haben sowieso nicht genug Platz, außerdem machen die mir dann eine Riesensauerei, du kennst sie nicht…«* Eine große Party war erfolgreich, wenn zwei Kriterien erfüllt wurden: eine schöne Ausgewogenheit beider Geschlechter und eine provozierende Vielfältigkeit der Eingeladenen.

Die Vorstellung, seine Abende woanders als bei sich oder bei Freunden zu verbringen, ist völlig absurd. Welchen Vorteil sollte man denn bitte schön daraus ziehen?

Praktischer Hinweis:

Bringen Sie keinen Wein zu einer großen Party mit.
Das nervt.

Sagen Sie es auf Pariserisch:

»Wenn du heute Abend vorbeikommen willst,
ich hab zwei, drei Leute eingeladen.«

Kellner

Was den Service betrifft, so würde der Pariser gerne in Amerika leben. Er sehnt sich danach, mit Lächeln überschüttet, mit Vornamen überflutet und mit Herzlichkeit überschwemmt zu werden. Doch die Realität ist hartnäckig: Er lebt in Paris.

Und Paris ist nicht Amerika.

In Frankreich ist das Überschütten mit Lächeln, Überfluten mit Vornamen und Überschwemmen mit Herzlichkeit kein Zeichen für einen guten Service, sondern vielmehr dafür, dass man von Betrunkenen umgeben ist. Und Betrunkene nehmen in den seltensten Fällen Bestellungen auf oder bringen sie einem. Was das betrifft, ist der Pariser kategorisch: In Paris sind Kellner *»nicht sympathisch«*. Die meisten sind sogar *»Riesenarschlöcher«*.

Diese Tatsache ist nicht verhandelbar. Der Pariser wird eine löbliche Bemerkung über diese Zunft nicht ungestraft durchgehen lassen. Auf den Pariser Kellnern herumzuhacken ist eines der seltenen Dinge, bei dem der Pariser und der Rest der Welt sich einig sind.

Niemals jedoch hinterfragt er die Gründe dessen, was er als miserablen Service ansieht. Diese Frage umgeht er geschickt mit einem *»Ist ja nicht meine Schuld, dass er einen beschissenen Job hat«*, für gewöhnlich begleitet von einem *»Es gibt drei Millionen Arbeitslose. Wenn's ihm nicht passt, dann kann er ja was anderes machen, putain.«* Der Pariser ist ein Wesen voller Mitgefühl. Niemals würde es ihm in den Sinn kommen, sein eigenes unhöfliches Betragen oder seine Unfähigkeit zu lächeln zu hinterfragen. Oder vielleicht etwa ein Trinkgeld in die schöne Waagschale seiner transatlantischen Vergleiche zu werfen.

In Paris können Kellner und Gast einander kaum leiden. In

einem wunderbar passiv-aggressiven Strudel stauen sich stillschweigend die Spannungen an, und der Zustand der allgemeinen Erfahrung verschlimmert sich.

Ist der Pariser oder der Kellner dann aber eines Tages guter Laune, kippt die Interaktion in einer überwältigenden Frische: eine Brise inmitten der Wüste, ein Blitz der Geselligkeit an einem gewittrigen und mürrischen Himmel. Umgehend wird der Kellner als *»sehr sympa«* eingestuft. Der Pariser erfreut sich an diesem Moment und erzählt allen seinen Freunden von dieser einen Lokalität.

Der Gedanke, man könnte versuchen, selbst herzlicher zu sein, damit diese kleinen Momente der Glückseligkeit weniger selten sind, kommt ihm nie in den Sinn: *»Ich bin hier ja wohl nicht derjenige, der nett sein muss, putain.«*

Ganz offensichtlich ist der Pariser noch nicht wirklich bereit für Amerika.

Praktischer Hinweis:

Wenn Sie sich bei den Pariser Kellnern beliebt machen wollen, dann erzählen Sie schmutzige Witze.

Sagen Sie es auf Pariserisch:

»Der ist ja so was von unfreundlich, das gibt's doch gar nicht …«

Geniesser

Der Pariser ist nicht auf dem Land aufgewachsen. Als Kind hat er die Welt nur selten live erlebt. Er wurde durch Bücher, Fernsehen und Schule geformt, hat Erfahrungen aus zweiter Hand. Als Erwachsener trägt dieser Baum dann seine Früchte: Der Pariser begnügt sich damit, dass andere die Welt für ihn erfahren.

Durch das, was er von ihnen erfährt, kennt er sich ausreichend mit der Welt aus. Er kennt die Klippen, die sie umfahren müssen, ist sich der Mühen und Schmerzen bewusst. Und ist zufrieden, dass er sie nicht über sich ergehen lassen muss.

Der Genießer befindet sich auf der Spitze der Pyramide dieser anderen, die der Pariser liebt, ohne selbst zu ihnen gehören zu wollen. Genießer essen, trinken und lachen gerne. Aufgrund seines umfassenden Wissens über griechische Autoren beschreibt der Pariser sie als »*Epikuräer*«.

Damit haben sie aber gar nichts gemein: Ihre Askese besteht darin, das Leben um dürftige Momente zu bringen, ihre Großzügigkeit darin, nur den Augenblick zu lieben, der soeben verfliegt. Der Pariser spürt Arglosigkeit, wo er eigentlich Entschlusskraft sehen sollte. Er vermutet übermäßige Vereinfachung, wo sich eigentlich Weisheit versteckt. Er nimmt Exzess wahr, wenn er sich eigentlich hinsetzen und einfach einen Drink bestellen sollte.

Pariser bewundern diese Fähigkeit, die manche zu besitzen scheinen, einfach zu genießen und sich zu amüsieren. Nur wenige erreichen im Lauf ihres Lebens eine derartige Meisterschaft im Loslassen.

Der Anblick eines Genießers ist dem Pariser angenehm. Die Freude, die aus ihm hervorsprudelt, beruhigt ihn. Sein Übergewicht befriedigt und beschwichtigt ihn: So viel steht fest, der Pariser ist so vernünftig, ein solches Leben nicht zu wählen. Graue Weisheit der Mageren. Der Pariser über fünfzig wird in diesem Moment häufig einen Gedanken an den Schlaganfall verschwenden, dem, so glaubt er jedenfalls, der Genießer in den Fünfzigern ganz bestimmt nicht entkommen kann. Das bestärkt ihn in seinem Lebensstil und seinen Entscheidungen: Er schwelgt mit einer fahlen Genusssucht darin.

Als Freude schaffendes Instrument ist das Gehirn sehr viel geeigneter als die Augen: Sich den Genießer auszumalen, ist so um ein Vielfaches schöner. Der Genießer ist der letzte Mohikaner eines

Frankreichs, von dem der Pariser sich wünscht, dass es nicht vom Aussterben bedroht wäre. Ein Frankreich des guten Essens, der gut gefüllten Gläser und der einfachen Alltagsfreuden, ein Frankreich, das langsam abtritt – das ist dem informierten Pariser nur zu bewusst.

Wenn es einen Krieg zu führen oder ein Reich zu schützen gilt, dann macht der Pariser das mit Worten. Der Genießer ist kein Widerstandskämpfer. Aber der Pariser würde ihn gerne unterstützen, ihn zum fröhlichen Zechen ermutigen. Er will auf der guten Seite stehen: auf der Seite der Netten, auf der eines schlemmerhaften Lebens. Und so spielt er einen Augenblick die Komödie des Genießens. Um sich dann gleich am nächsten Tag zu fragen: »*Habe ich ein bisschen zugelegt?*« Woraufhin wiederum eine andere Form des Widerstands beginnt …

Praktischer Hinweis:

Ein Rückzugsort des Genießens?
Die Auberge Pyrénées-Cévennes im 11. Arrondissement.

Sagen Sie es auf Pariserisch:

»Ich war im Südwesten: Das sind vielleicht Genießer …
Gänsestopfleber, Wein. Die lassen es sich gut gehen …«

In einer festen Beziehung sein

Die ganze Welt kennt Paris als die Stadt der Liebe; für die Einheimischen ist Paris die Stadt der Pärchen. Mehr oder weniger offiziell, mehr oder weniger glücklich begnügt sich das Pariser Paar häufig damit zu sein, sich schweigend irgendwie zwischen kleinem und großem Chaos hindurchzumanövrieren. Für Singles gibt es in Paris kaum Rettung. Würde die Qualität einer Stadt daran gemessen, wie stark ihre sexuelle Aufladung ist, dann wäre Paris ganz sicher die unbedeutendste Stadt der Welt.

Alle jungen Pariser sind in einer festen Beziehung. Hauptsächlich deswegen, weil die Beziehung einen vor dem Singledasein bewahrt. Sie sträuben sich gegen das Leben, sie sehen in der Vielzahl der Dinge eine Bedrohung, in den meisten Lebenslagen eine Gefahr und in verschlungenen Pfaden ein unnötiges Risiko. Überall verbirgt sich Gefahr. Die Beziehung, als Einheit, weist für sie keine gefährlichen Ecken auf; die Opfer, die für eine Beziehung erbracht werden müssen, sind ihnen bekannt, und so glauben sie, die Gefahren zu erfassen. Selbst zu wählen, welchen Bedrohungen sie sich aussetzen, beruhigt die jungen Pariser. Ihre Beziehungen dauern lange an. Sie sind nicht so befriedigend, dass man heiraten würde, aber auch nicht mittelmäßig genug, um sich zu trennen.

Ist man über fünfundzwanzig, dann ist das Singledasein ein Zeichen für eine geistige Störung. Der alternde Single wird schnell geächtet. Sich nicht in einer Beziehung zu befinden heißt, gesellschaftlich einsam zu sein: schmachvoller Geist, durch das Nichtvorhandensein einer fröhlichen Jugend, die sich bei einem Flirt amüsiert, fast schon dem Verderben anheimgefallen. In diesem Fall wird das Adjektiv *»glauque«*, in seiner Bedeutung eine Mischung aus »trübselig, unheimlich, zwielichtig und düster« wiederholt verwendet, und der Pariser in einer Beziehung beruhigt seinen Singlefreund: *»Mach dir mal keine Sorgen, das bringt nichts, du bist ein super Typ, außerdem findet man immer erst dann jemanden, wenn man aufhört zu suchen.«*

Das Pariser Leben bietet einen perfekten Rahmen für ein Leben voller romantischer Enttäuschungen. In Ermangelung von Singles wird man dazu getrieben, an seiner Beziehung festzuhalten. Diese Entscheidung, getroffen aus den völlig falschen Beweggründen, führt zu unzähligen Frustrationen und endet wenige Jahre später, häufig in einer dieser schmerzhaften, wenngleich nicht markerschütternden Trennungen. Die Ältesten, versehen mit einer beständigen moralischen und religiösen Verankerung, bleiben ihr ganzes Leben lang mit ihrer Ehefrau zusammen (es sei denn, der umgekehrte Fall tritt ein). Es gefällt ihnen, schönen Frauen, die ihren mühsamen Weg auf den Pariser Straßen kreuzen, Komplimente zu machen und vor ihnen aufzuschneiden. Franzosen amüsieren sich darüber, Ausländer empören sich. Aber dieses charmante Frankreich ist vom Aussterben bedroht.

Einer Frau den Hof zu machen, ist nicht mehr Teil der Pariser Lebensart. Dafür ist der Pariser nicht mehr Spieler, nicht mehr beharrlich genug; die Pariserin hingegen steckt in zweierlei Hinsicht in ihrem Schraubstock der Verpflichtungen fest, weder zu einfach zu haben noch Single zu sein, und wird damit jeden Tag weniger begehrenswert. Nach dem sechsundzwanzigsten Lebensjahr hat das Leben in Paris einige Jahre weder Verführung noch Flirts zu bieten.

Diese spürbare Dürrezeit bringt Wesen und Ambitionen zum Stocken. Die Pariser Jugend trägt die Last ihrer eigenen Mittelmäßigkeit auf den Schultern. Sie vegetiert zwischen schlecht verbundenen Paaren und vorhersehbaren Trennungen dahin.

Die Stadt der Liebe schreibt das dem Zeitgeist zu. Paris ist eine blinde, blökende Furie geworden. So bockig wie eine Alte, die nicht mehr wirklich existiert.

PRAKTISCHER HINWEIS:

Pariser, die nicht in den oben erklärten Rahmen passen,
enden für gewöhnlich in einer Beziehung …
mit einem/einer Ausländer/in.

SAGEN SIE ES AUF PARISERISCH:

»Die sind seit fünf Jahren zusammen …
Ja, ich denke, es läuft ganz gut …
Nein, verheiratet sind sie nicht, nein, nein.«

Touristen

In Paris als Tourist unterwegs zu sein, hat seinen Preis: den der Achtbarkeit. Jeder, der einen Fuß nach Paris setzt, ob einfacher Familienvater, überragender Student oder emsiger Arbeiter, sie werden alle enthauptet: Sie werden zu »Touristen«. Es gibt nichts Schlimmeres in Paris, als dieser Kategorie anzugehören. Die Touristen sind nur eines: Für den Pariser haben sie keinen Geschmack und stellen eine parallel existierende Menschheit dar. Manche haben Geld, und in diesem Fall ist das ganz offensichtlich das Einzige, was sie besitzen. Der Pariser will sich um nichts auf der Welt mit einem Touristen anfreunden.

Touristen begehen einen Fauxpas nach dem anderen, als bestünde der einzige Ehrgeiz ihres Aufenthalts in Paris darin, den Pariser rasend zu machen. Sie tragen weiße Turnschuhe, gehen im Schneckentempo, reden laut, tragen fragwürdige Farben, verirren sich und regen sich lauthals auf. Sie sind unschwer auszumachen.

Jeglicher Handel, der Touristen begeistert, wird vom Pariser sofort als »Abzocke« betrachtet. Die Vorstellung, ein Tourist könnte vernünftige oder gar kundige Entscheidungen treffen, was das Verwenden seiner Zeit oder seines Geldes in Paris betrifft, kommt dem Pariser gar nicht erst in den Sinn. In dieser Hinsicht gibt es nur zwei Typen von Touristen: zum einen die, die in »Touristenfallen« tappen, zum anderen die »maßlos Reichen«. Dem Pariser tun beide Kategorien leid, weil er weiß, dass sie niemals das »echte« Paris kennenlernen werden. Der Pariser vermutet nicht einmal, dass Tausende Touristen seine Stadt vergöttern, bezwingen, regelmäßig dorthin zurückkommen und die momentan angesagten Adressen sehr viel besser aufzählen können als er.

In der Kategorie der Touristen unterscheidet der Pariser nur vier Nationalitäten: *die Chinesen, die Japaner, die Italiener-oder-Spanier* (*Italien-oder-Spanien* ist tatsächlich ein einziges Land) und *die Amerikaner*. Er hat genaue Kenntnis über jeden einzelnen Typus: *Die Chinesen* reisen in Gruppen und gehen bei Louis Vuitton einkaufen; *die Japaner* reisen in Gruppen, wenn sie älter sind, und machen die ganze Zeit Fotos, und wenn sie jung sind, tragen sie exzentrische Haarschnitte und Klamotten; *die Italiener-oder-Spanier* reden laut; *die Amerikaner* sagen »*Oh my God!*« und »*Amazing*«.

Diese Verallgemeinerungen sind in den meisten Fällen fundiert, nur selten bietet sich dem Pariser die Gelegenheit, eine andersartige Realität zu beobachten. Das bekräftigt ihn in der Gewissheit, dass Touristen *a priori* keine Seele besitzen. Sie begnügen sich damit, Touristen zu sein. Der Pariser verachtet Touristen, von denen er glaubt, sie würden das Paris, das sie erkunden, für das wahre Paris halten. Wenn das Paris der Touristen für den Pariser verloren ist, dann ist sein Paris natürlich das einzig »wahre« Paris. Nur wenige Pariser haben auf der Arbeit Kontakt zu Touristen. Trotzdem sind sich alle überaus bewusst, welchen Beitrag diese zur lokalen Wirtschaft leisten. Nicht so zahlreich sind die, die in der touristischen

Anziehungskraft von Paris einen Einfluss auf die Immobilienpreise und die heimliche Neudefinition ihrer Stadt erkennen. Jeder, der von der Globalisierung profitiert, verjagt nach und nach die Pariser aus Paris und macht Paris so zu einer hübschen leeren Hülle. Von überall her auf der Welt orchestrieren Parisliebhaber die stumme Agonie des Charmes der Stadt. Dieses schrecklich moderne Vorgehen ist zum Beispiel im siebten Arrondissement stark spürbar, wo die Einkommensschwächsten immer weiter vom Zentrum verdrängt werden. Der soziale Schmelztiegel der Arbeiter und Familien, die den volkstümlichen Charme des Paris von einst ausmachten, wird immer mehr durch den geografischen Schmelztiegel der Reichen weltweit ersetzt, die gut gelaunt nach Paris tingeln und ganz albern das Frankreich, von dem sie geträumt haben, und die Pariser betrachten, die sie sich vorgestellt haben.

In dieser überaus bequemen Welt kommt es nicht selten vor, dass im Restaurant nebeneinandersitzende Touristen beiläufig bei einer Unterhaltung mit gutem französischen Wein herausfinden, dass sie in ihrem Heimatland Nachbarn sind.

Der Pariser Kellner, der dieser Szene beiwohnt, wird sich am Abend in seinem RER erneut an diese Szene erinnern, wenn er auf dem Weg zu seinem Einzimmerappartement in irgendeinem Vorort ist … und lächelnd denken »*Das ist schon verrückt*«.

Wer hat gesagt, Pariser Kellner seien nicht nett?

Praktischer Hinweis:

Touristen haben eine Seele, behandeln Sie sie mit Menschlichkeit und Rücksicht, wie sie jedem Touristen gebührt, dann kommt unterm Strich nur Gutes dabei raus.

Sagen Sie es auf Pariserisch:

»Ach, diese Touristen, putain, ich glaub's ja nicht …
Hast du den einen gesehen, den mit der Bauchtasche,
den Turnschuhen und dem Fotoapparat:
Der schießt doch echt den Vogel ab!«

MÄNNER

In Paris leben drei Typen Mann nebeneinander: die Homosexuellen, die schwul aussehen, die Heterosexuellen, die schwul aussehen, und die über Fünfzigjährigen.

Es ist nicht leicht, in Paris älter als fünfzig zu sein. Die Mehrheit der Männer über fünfzig kann sehr einfach als heterosexuell identifiziert werden. Das verrät schon ihr fortgeschrittenes Alter. Außerdem – sich einen schwulen Look zuzulegen, wenn man die fünfzig überschritten hat, ist alles andere als leicht, deshalb müssen sie sich damit abfinden, ohne zu versuchen, sich zu verstellen.

Gott sei Dank haben Pariser unter fünfzig dieses Problem nicht! Sie können schwul aussehen, ohne dass jemand annehmen würde, sie gehörten einer schwindenden Generation an. Verständlicherweise bringen in Paris viele Homosexuelle aufgrund ihrer Kleidung und ihres Auftretens ein schwules Aussehen zum Ausdruck. Der Besucher wundert sich darüber, dass sich der heterosexuelle Pariser demselben Konzept unterwirft.

Der Kanon vom Körper des Pariser Mannes schreibt vor, schmächtig zu sein. Dieses Ziel wird dank vieler Jahre ohne sportliche Betätigung und Zurückhaltung beim Essen und Trinken erreicht. Um seinen ruhmreichen Körper zu bedecken, wählt der Pariser Mann Kleidung, die für gewöhnlich zwischen »geht überall« und »sieht schwul aus« schwankt. Egal wofür er sich entscheidet, dem Betrachter muss klar sein, dass er niemals den Eindruck hat schwul rüberzukommen. Was ihn betrifft, so ist er »*okay, normal*«.

Das schwule Auftreten folgt demselben Muster. Wenn viele Homosexuelle sich aus ganz offensichtlichen Gründen schwul verhalten, so stellt der Besucher auch hier verwundert fest, wie stark der Heterosexuelle ihnen nacheifert. Sich wie ein Schwuler zu verhalten, ist eine neue französische Gewohnheit, das totemistische Erbe von drei Jahrzehnten Institutionalisierung einer weichgespülten, friedliebenden Sicht der Welt und der menschlichen Spezies. Doch auch hier treibt der Pariser diese Gewohnheit in unerforschte Weiten: Während sich die Mehrheit der französischen Männer nur bei bestimmten Themen wie Schwule verhalten, setzen die Pariser alles auf eine Karte und wenden diese Logik auf jede ihrer Handlungen und Entscheidungen an. Sich in Paris als »echter Kerl« aufzuführen, ist weitgehend verpönt. Der »echte Kerl« zeigt viel zu offensichtlich Charakteristiken, die in Paris auf einen Mangel an Intelligenz und Raffinesse hinweisen. Somit sind die Vorstellungen von Kraft, Männlichkeit, körperlicher Stärke und klarer Meinungen oder Werte in Paris ziemlich suspekt geworden. Man sieht in ihnen eine offene Tür für Brutalität.

In diesem Stadium könnten einige Menschen Mitgefühl für die Pariserin entwickeln. So manch einer sollte sein Mitgefühl in diesem Fall aber besser für die Pariser Homosexuellen aufheben: Sie sind in der Tat wahrscheinlich die Einzigen, die sich in ihrer Stadt einen Ausbruch von Testosteron wünschen.

Die Pariserin hingegen ignoriert dieses Phänomen mehr oder weniger geflissentlich: Wenn ihr Freund völlig schwul wirkt, dann weil »*er ein supernetter Typ, sehr geistreich und so richtig intelligent ist*«. Sie hat eine Stufe der Weisheit erreicht, die es ihr erlaubt, über die ihr innewohnenden Neigungen hinauszuwachsen. Männlichkeit ist rüpelhaft, übel riechend und unangenehm – basta. Die Vorstellung, manche toughen Männer könnten gleichzeitig auch ansprechende Wesen sein, kommt der Pariserin viel zu albern vor.

Beispiele für solche Jahrmarktsattraktionen sind tatsächlich viel zu selten in Paris, also kann man daraus durchaus schlussfolgern, dass die in Paris geltende Regel wohl universell Gültigkeit hat.

Praktischer Hinweis:

Lassen Sie sich nicht täuschen: In Paris in jeglicher Hinsicht schwul zu wirken bedeutet nicht, schwul zu sein.

Sagen Sie es auf Pariserisch

(von Mann zu Mann):

»Ich bin ein bisschen shoppen gegangen: ein süßes T-Shirt mit V-Ausschnitt, eine schicke Brille von Kenzo und Espadrilles. Damit bin ich für den Sommer gerüstet …«

Die Metro

Die Pariser und ihre Metro sind wie ein altes Ehepaar. Jahrelange, tägliche Benutzung hat zu beidseitigem, tief reichendem Kennenlernen geführt. An einem Tag, an dem alles glattläuft, werden sie anerkennen, wie wertvoll sie füreinander sind; doch beim kleinsten Zwischenfall im Ablauf ihres unterirdischen Walzers platzt einem der Kragen.

Die Metro ist nicht eifersüchtig. Für die meisten Pariser war sie eine bewegende Bühne flüchtiger Leidenschaften und poetischer Trennungsschmerzen. Jeder Pariser, der diesen Namen verdient, hat sich schon mehrfach Hals über Kopf in der Metro verliebt – wunderbare und vergängliche Momente im Rhythmus des Lebens, der sich stillschweigend in unseren kleinen Seelen abspielt. Romantische Ästheten wissen die Linie 1 zu schätzen, die im Frühling oder Sommer das Ausmaß eines dunklen, lärmenden Garten Eden annimmt. Sich hinzusetzen und dieses Spektakel des städtischen Lebens mit Zurückhaltung zu genießen. Ausgerüstet mit einem Buch oder einem iPod ist der Pariser bereit, diskret die Verschiedenheit zu erforschen.

Die Wahl des Accessoires erlaubt es, das Profil des Parisers in seiner Metro zu verfeinern. Wo der mp3-Player eine Herdenaffinität verrät, verleiht das Buch seinem Träger ein charmantes Flair. Die Wahl des Buches ist entscheidend: Die aktuellen Bestseller gilt es zu meiden – zu gewöhnlich. Ein gewisser Anspruch ist in dieser Hinsicht Trumpf, das Maß muss gewahrt bleiben. Ein Klassiker ist somit eine ebenso sichere wie elegante Hintertür. Die Karte des Andersartigen zu spielen – was dem Pariser sehr am Herzen liegt – ist ebenfalls möglich: Ein Comic für Kinder passt ganz hervorragend zum Dandy oder dem Geschäftsmann. Die ultimative Waffe bleibt *Der kleine Prinz* – die höchste Aufforderung, ein schöneres Leben zu führen. Es in der Metro zu sagen ist, als würde man inmitten der Wüste eine Blume wachsen lassen: ein bedeutender Augenblick.

Der Metro-Charmeur ist im tiefsten Inneren ein echter Romantiker. Die Frauen, die er verführt, ahnen niemals, wie sehr sie den tristen Abschnitt zwischen den Stationen Étoile und Châtelet verändert haben.

Doch nicht alle Fahrten stellen angenehme Pausen dar. Manche schüren den Drang sich zu beschweren, den der Pariser ständig empfindet (was jedoch äußerst selten vorkommt und häufig zu Recht geschieht). Die abgehandelten Themen reichen von den Gerüchen über die Temperatur, von der Langsamkeit bis zur Pünktlichkeit – und vor allen Dingen geht es immer wieder um die Streiks. Die Pariser ertragen die Streiks der RATP (der öffentliche Personennahverkehr in Paris) nicht: Der Begriff *»Geiselnahme«* wird für gewöhnlich ohne zu zögern benutzt. Die Linie 14 verfügt über keinen Fahrer, wird somit nie bestreikt und ist deshalb die Lieblingslinie vieler Pariser.

Die schlimmste Metrolinie ist aber immer noch besser als die beste RER-Linie. Diese sind länger, verlaufen tiefer und fahren schneller, sie starten und enden in den weitläufigen Vorstädten. Die ungewissen Tiefen des Pariser Eisenbahnnetzes erkunden zu müssen, ist völlig ausreichend, um sich nicht auch noch mit dem Schrecklichsten abzugeben. Wenn es sein muss, akzeptieren die Pariser, dass sie mit der abstoßenden Hitze, den ekelerregenden Gerüchen und den unziemlichen Streiks der Metro konfrontiert werden, aber ganz gewiss nicht mit den *Racailles* des RER. Die meiste Zeit über könnte die Metro mit der Weltmeisterschaft der Depression auf Schienen verwechselt werden. Nichts machen Provinzler lieber, als sich über die Mienen der Pariser in der Metro lustig zu machen: *»Also ehrlich, ihr Pariser, ihr macht vielleicht lange Gesichter in der Metro.«*

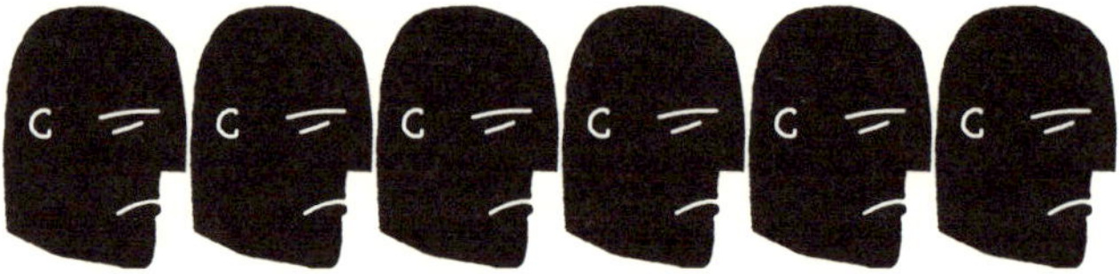

Da ist etwas dran. Allerdings tut man gut daran zu wissen, dass die meisten Provinzler zwei Wochen nach ihrem Umzug in die Hauptstadt als ernsthafte Konkurrenz bei dieser beschaulichen Weltmeisterschaft im Kampf um eine Medaille antreten könnten.

Hauptsächlich zwei Adjektive werden in Paris benutzt, um die Metro zu charakterisieren: *praktisch* und *schnell*. Die Pariser, für die beim Abwägen des Komforts die Waagschale mit den Unannehmlichkeiten mehr Gewicht hat als die des Arguments »praktisch und schnell«, werden sich rasch entscheiden müssen: Paris verlassen oder sich einen Roller kaufen.

Die täglich wachsende Menge an Rollern, die durch die Straßen von Paris knattert, ist Beweis dafür – falls ein solcher vonnöten war –, dass sich der Pariser, ganz egal wie sehr er sich verändern kann, lieber eine neue Geliebte nimmt, als dass er seine alte Ehefrau, die Stadt, verlassen würde.

Praktischer Hinweis:

Geben Sie ein bisschen Geld für eine Windjacke aus und fahren Sie Fahrrad.

Sagen Sie es auf Pariserisch:

»Du nimmst die vier. Und zack, drei Stationen später bist du schon da. Ganz einfach. Dann sehen wir uns heute Abend. Küsschen, ich düse, bin schon spät dran …«